Burkhard Spinnen

Gut aufgestellt

HERDER spektrum

Band 5961

Das Buch
Sind Sie eigentlich gut aufgestellt? Oder gilt Ihr Ertragswinkel als
suboptimal? Dann nehmen Sie doch einen Brückentag, um nachhaltig an Ihrem Beschwerdemanagement zu arbeiten. – Scharfsin-
nige Glossen zur Wirtschaftssprache, die zeigen, dass Sprachkritik
viel mehr sein kann als das launige Ankreiden von Stilblüten.
„Sprachkritik will nicht Patzer korrigieren; sie versucht vielmehr
der Sprache selbst nachzuhorchen." Burkhard Spinnen hebt nicht
den Finger, sondern spitzt das Ohr. Indem er den Phrasen auf den
Grund geht, trifft er die Wünsche, Hoffnungen und Ängste einer
ganzen Sprachgemeinschaft. Ein Lesevergnügen ohne Gewinnwarnung.

Der Autor
Burkhard Spinnen, 1956 in Mönchengladbach geboren, studierte
Germanistik, Publizistik und Soziologie und promovierte 1989.
Seit 1996 lebt er als freier Autor in Münster. Bislang 15 Bücher: Ro-
mane, Erzählungen, Essays, Kinderliteratur. Träger zahlreicher Li-
teraturpreise.

Burkhard Spinnen

Gut aufgestellt

Kleiner Phrasenführer durch die Wirtschaftssprache

HERDER

FREIBURG · BASEL · WIEN

2. Auflage 2009

Originalausgabe

© Verlag Herder GmbH, Freiburg im Breisgau 2008
Alle Rechte vorbehalten
www.herder.de

Umschlaggestaltung und -konzeption:
R · M · E München/Roland Eschlbeck, Liana Tuchel
Umschlagmotiv: © Hermann Köhler
Autorenfoto: © Thomas Spangenberg

Satz: Barbara Herrmann, Freiburg
Herstellung: fgb · freiburger graphische betriebe
www.fgb.de

Gedruckt auf umweltfreundlichem, chlorfrei gebleichtem Papier
Printed in Germany

ISBN 978-3-451-05961-2

Inhalt

Ein paar Worte zur Sprachkritik vorweg
Unbedingt zu lesen!

Eine gewisse Art von kritischer Beschäftigung mit der Umgangssprache hat momentan Konjunktur. Sprachkritik aber würde ich es nicht nennen, wenn Leute, die sich auskennen (oder wenigstens nachschlagen), verbreitete Grammatikschnitzer kabarettistisch präsentierten. Solche Veranstaltungen in den Medien oder vor einem Stadthallenpublikum mögen als unterhaltend empfunden werden. Mich erinnern sie allerdings fatal an die launigen Stammtische von Oberlehrern, die sich über die Patzer ihrer Schüler mokieren.

Freilich gibt es für eine Kritik am allgemeinen Sprachgebrauch Material in Hülle und Fülle. Doch genau dies ist das Problem! Immer schon hat man gewusst, dass die „Leute" nicht alle so fein und regelgerecht reden, wie der Duden es gerne sähe. Jetzt aber besitzt man Unmengen von Beweismaterial für jede Anklage. Denn während noch bis weit ins 20. Jahrhundert hinein die meisten Texte geprüft wurden, bevor man sie zum Druck „beförderte" (und damit auszeichnete), stürzen heute unübersehbare Mengen ungeformten und unredigierten Sprachmaterials aus Druckern, Sendern und Kabeln. Via PC ist heute jeder sein eigener Redakteur und Verleger. Nur in Ausnahmefällen stehen zwischen der Idee zu einem Text und seiner Veröffentlichung noch fachlich geschulte Kontrolleure – selbst manche Buchmanuskripte gehen mit keinem anderen Lektorat in den Druck als dem der automatischen Rechtschreibkorrektur. Dazu kommen die unendlich vielen Kurzinterviews oder Umfragen auf der Straße, die Rundfunk und Fernsehen täglich senden.

Kein Wunder also, dass der Eindruck entsteht, die „Leute" redeten schlechter als je zuvor. Doch der Eindruck trügt! Es erscheinen die falschen Dative jetzt bloß gleich im Druck oder als O-Ton.

Das bedeutet nun nicht, es gäbe keinen Grund zur Kritik. Doch mit Sprachkritik hat die verbreitete Mischung aus Comedy und Besserwisserei nichts zu tun. Denn Sprachkritik will nicht Patzer korrigieren; sie versucht vielmehr der Sprache selbst nachzuhorchen. Sie beurteilt, was sie hört und liest, nicht nach den Regeln von Duden oder Stilfibel; sie fragt hingegen, woher ein gewisser Sprachgebrauch, woher modische Vokabeln stammen und was sie – oft unbedacht von denen, die sie verwenden – eigentlich bedeuten.

Oder noch deutlicher gesagt: Sprachkritik macht sich nicht über Sprecher lustig, die, aus welchen Gründen auch immer, mit der Schulgrammatik hadern oder Jargonwörter benutzen. Es geht ihr nicht um „Deppen", die falsche Apostrophe setzen. Wer Sprachkritik betreibt, zielt vielmehr auf die Sprache selbst. Er begreift sie als ein Wesen, besser: als ein energetisches System, in das Stimmungen, Bewusstseinslagen, Wünsche und Ängste der Sprechergemeinschaft eingehen, um dort beständig neue Wörter und Wendungen entstehen zu lassen. Diese Novitäten setzen sich dann entweder durch und werden (oft zum Ärger der „Sprachbewahrer") zu neuen Bestandteilen der Sprache – oder sie verschwinden wieder. Dabei gibt dieser beständige Sprachwandel Aufschluss über das aktuelle Bewusstsein, an dem wir alle teilhaben.

Meine ursprünglich für das „Handelsblatt" geschriebenen sprachkritischen Kolumnen wurden durch den Umstand stimuliert, dass die Sprache der Wirtschaft heute einen derart großen Einfluss auf die Alltagssprache besitzt, wie ihn früher nur die Sprachen der Religion oder der Politik besaßen. Nach dem Fall der Ideologien befinden wir uns in einer wesentlich vom Denken der Ökonomie bestimmten, also auch besprochenen Welt. Ich bin daher in meinen Kolumnen Wörtern und Wendungen nachgegangen, in denen sich nach meiner Überzeugung der Zusammenhang zwischen Ökonomie und Alltagsbewusstsein ausdrückt.

Mein Ziel war es dabei nicht (hier wiederhole ich mich gern), die Sprecher zu diffamieren, sondern an kleinen Beispielen das Unbedachte hinter dem Alltäglich-Selbstverständlichen zum Vorschein kommen zu lassen. Die Sprache ist nämlich meistens klüger als die Sprecher; allein, moralischer ist sie nicht in jedem Fall!

Für die vorliegende Sammlung habe ich die Kolumnen gründlich überarbeitet – was allerdings nicht heißt, dass ich alle etwas kühneren Spekulationen oder Spinnereien getilgt hätte. Denn wie gesagt: Es geht nicht ums Anlegen der Messlatte, sondern ums Selbstdenken. Wo ich mich geirrt habe oder übers Ziel hinausgeschossen bin, habe ich es hoffentlich mit Fantasie und Leidenschaft getan. Und in diesem Sinne möchte ich meine Arbeit auch verstanden wissen: als Aufforderung, die Angebote an Phrasen und Jargon nicht unbedacht zu akzeptieren; als Anreiz, den Wörtern den eigenen Kopf aufzusetzen; sowie als Ermunterung, mit Humor gegen den Strom zu reden.

Münster, im Januar 2008   Burkhard Spinnen

Gut aufgestellt

„Wir schauen zuversichtlich in die Zukunft", sagt der Vorstandssprecher in die neugierigen Mikrofone. „Wir sind gut aufgestellt. Wir –"

Den Rest höre ich leider nicht mehr, *gut aufgestellt* funktioniert für mich als sprachliche Stolperfalle. Natürlich weiß ich, hier will einer etwas Positives über das Unternehmen sagen, etwas, womit man Aktionäre, Kunden, Banken und andere Sorgenträger beruhigen kann. Aber warum sagt er ausgerechnet, man sei gut aufgestellt? Das heißt: Warum sagen es seit geraumer Zeit praktisch alle Vorstandssprecher und überhaupt alle, die vom guten Zustand ihres Unternehmens reden wollen? Zwei Antworten sind mir bislang eingefallen.

Die einfache Antwort lautet: Das ist nun einmal ein Modewort. Redemoden gibt es wie Kleidermoden; der Mensch liebt die Abwechslung und das Neue, auf der Haut wie auf der Zunge. Außerdem sind Modewörter sehr nützlich, insbesondere wenn man eigentlich nichts sagen möchte oder nichts zu sagen hat, aber unversehens und gar öffentlich befragt wird. Da ist man dann froh über jede Wendung, die gerade in aller Munde ist. Die kann man nämlich rasch verwenden und damit zwar nichts Genaues sagen, aber doch bekunden, dass man sich immerhin auf der Höhe des herrschenden Tons befindet.

Es gibt aber auch eine vertrackte Antwort auf eine solche Frage. Sie lautet: Nichts in der Sprache ist Zufall! Alles und selbst die harmlosesten Modewörter sind Ausdruck einer Stimmung, einer Haltung, eines – ja! – Geistes, den der Modewort-Benutzer selbst vielleicht gar nicht beschreiben könnte, den er aber per Modewort herbeizitiert. Im Gegenteil, so die vertrackte Antwort weiter: Oft tragen Modewörter etwas in den Mund des

Sprechers, das sein Kopf sich zu denken und bewusst zu formulieren tunlichst hüten würde!

Wie vielleicht auch im Falle von gut aufgestellt. Zuerst dachte ich, als ich mich fragte, woher die Wendung stammt, in Richtung Sport. Das ergäbe ja einen Sinn; dann sähe der Vorstandsvorsitzende die Herausforderungen des Wettbewerbs gewissermaßen von der sportlichen Seite. Dennoch zweifle ich an dieser Herkunft. Es gibt zwar die Mannschaftsaufstellung, doch ich habe niemals einen Sportreporter sagen hören, eine Fußballmannschaft sei gut aufgestellt.

Nein, der Ausdruck scheint mir älter und aus einem anderen, wenngleich auch, ja besonders kämpferischen Bereich zu stammen: aus dem der Kriegsführung. Truppen und Schlachtordnungen stellt man auf, lateinisch (so ich mich recht entsinne): phalangem instruere. Und es klingt doch auch ganz sinnvoll, wenn man sagt, dass die zur Verteidigung eines Terrains kommandierten Divisionen gut aufgestellt seien.

Nicht Sport also, sondern Krieg schwebt dem Vorstandssprecher vor? Mag sein. Doch erwarten Sie jetzt bitte nicht, dass ich solche metaphorischen Übertragungen von einem radikalpazifistischen Standpunkt aus kritisiere. Da müsste man viel verbieten, wollte man die Sprache friedlich machen. Und Metaphern haben nun einmal einen Hang zum Inkorrekten. Nein, ich will auf etwas anderes hinweisen. Und zwar auf dies:

Kriege sind seit Beginn des letzten Jahrhunderts keine Stellungskriege mehr. Da stehen längst keine Reihen von steifen Zinnsoldaten mehr einander gegenüber; im Gegenteil, die Kriege sind Bewegungskriege, als Luftkriege sogar gewissermaßen Kriege in absoluter Bewegung, Kriege, die keinen Stillstand und kaum noch eine Stellung kennen.

Man kann also gut aufgestellt als unnötig militärische Wendung rügen – viel interessanter und gravierender aber scheint mir, dass damit eine ganz überholte Vorstellung abgerufen wird. Und mehr noch: Ich glaube, der Wunsch, gut aufgestellt zu sein, wurde der Wirtschaft von der Krise diktiert. Wenn es einem, wo und wie auch immer, an den Kragen geht, dann fällt man nun einmal schnell in althergebrachte Gesten. Dann igelt man sich ein, zieht sich zurück, dann macht man sich klein, gräbt sich ein und bewegt sich so wenig wie möglich. Und wenn einer kommt und fragt, wie es so geht, dann sagt man, man sei gut aufgestellt.

„Je näher man ein Wort ansieht", so beschreibt der Satiriker Karl Kraus eine Methode der Sprachkritik, „desto ferner sieht es zurück." Wer die Moden mitmacht, fällt nur selten unangenehm auf. Aber Vorsicht mit den Modewörtern! Viele drücken in Wahrheit nicht die Souveränität derer aus, die sie benutzen, sondern ihre Ängste. Und in manchen Modewörtern erscheint sogar das Schlimme, das man mit ihnen wegreden will.

Ambitionierte Zeitschiene

Schriebe Nietzsche heute noch gegen den Zeitgeist an, so hieße vielleicht eines seiner Bücher „Die Geburt der Phrase aus dem Geiste der Panik". Es wäre natürlich ein kritisches Buch, aber es wäre auch eines voller Mitleid mit den Sprachsündern. Mitleid hätte Nietzsche zum Beispiel empfunden, wenn er die Verantwortlichen eines Fußballvereins aus der Bundesliga bei der Konferenz belauscht hätte, bei der sie ihre finanzielle Misere zu offenbaren hatten. Aber zuerst ein paar Sätze zum Allgemeinen:

Ein Großteil der schlimmsten Phrasen im täglichen Sprechen erklärt sich aus der uralten Angst des Menschen, mit dem Aussprechen einer Sache oder eines Umstandes selbige (oder ihre Verkörperung als Dämon) herbeizurufen. Mit dem schönen alten Wort: sie zu beschwören. Die vielen sprachlichen Tabus, die es immer noch gibt, beweisen, dass sich der Mensch weiterhin im Zweifel befindet: Ist seine Sprache ein bloßes Werkzeug, ein Instrument zur Übermittlung von Botschaften – oder doch ein Zaubermittel, durch das man buchstäblich herbeizitiert, was man ausspricht: „Die Geister, die ich hab' gerufen ...".

Tatsächlich müssen Menschen schon sehr entspannt sein und sich vollkommen sicher fühlen, wenn sie Tatbestände, Gedanken oder Gefühle in einfachen Wörtern und Sätzen äußern, wenn sie den Versuch unternehmen, genau zu sagen, was die Sache sei. „Wir haben die Wahl verloren." – „Wir sind pleite." – „Ich liebe dich nicht mehr." Die Zahl solcher Sätze ist verschwindend gering, verglichen mit den Kohorten und Legionen von Satzungetümen, die sich lautstark oder flüsternd um die Wahrheit winden, ohne sie so recht zu berühren. Und damit zum Fußballverein.

„Wir können unsere Schulden nicht so schnell zurückzahlen, wie wir das wollten", müsste dessen Manager eigentlich sagen. Aber vor so viel Eigentlichkeit hat der Mann aus verständlichen Gründen einfach zu viel Angst. Kaum sagt man „Schulden" und „wir können nicht" – schon stehen die verschwendeten Millionen und die eigene Unfähigkeit leibhaftig im Raum der Pressekonferenz, vor Dutzenden Mikrofonen und Kameras! Beim Namen genannt und dadurch lebendig. Und wie werden sie aussehen? Vermutlich grässlich, alptraumhaft.

Also sagt der Manager lieber, man habe die *ambitionierte Zeitschiene* verpasst, auf der man seine Verbindlichkeiten und so weiter und so weiter. Das heißt, er versucht sich in eine Phrase zu retten, die als positive Beschwörungsformel dienen soll. Ambition, Zeit, Schiene: Das ergibt vielleicht keinen Sinn, raunt aber vom Guten und Richtigen und Gelingenden. Außerdem sagt er Sätze, nach deren Sinn sowieso kaum jemand fragt; vielmehr warten alle nur darauf, ob und wie nach drei falsch angeschlossenen Nebensätzen und einer unübersehbaren Zahl von Einschüben das babylonisch-grammatische Gebilde am Ende kollabieren wird.

Wer in Panik redet, redet sich um den Verstand. Aber: Wer redet, ist noch nicht tot! Vielleicht sogar noch nicht einmal abgewählt oder wirklich pleite. Und deshalb diktiert die Angst dem Menschen zwar, nichts anzusprechen, nichts beim Namen zu nennen. Doch gleichzeitig zwingt sie ihn, nicht mit dem Reden innezuhalten. Und bei dieser vertrackten Übung des Dauernd-nichts-Sagens geben ihm ambitionierte Zeitschienen und andere Hilfskonstruktionen und Füllwörter genau die Haltung, die er sofort verloren hätte, wenn er die Sache beim rechten Namen nennen würde.

Man versteht das gut. Jedem kann es so gehen, früher oder später. Und wie gesagt, selbst ein Nietzsche empfände wahrscheinlich Mitleid mit solch menschlich-allzumenschlichem

Gerede. Allerdings würde man gerne auch einmal einen Übermenschen oder wenigstens einen Helden des Alltags reden hören. Spräche er übers Scheitern, würde er vermutlich schweigen.

Gewinnwarnung mit schwarzer Null

Es wäre ja möglich: dass nämlich eine *Gewinnwarnung* tatsächlich von Unternehmen ausgegeben wird um anzukündigen, man müsse demnächst einen namhaften Bilanzgewinn verkünden. Das ergäbe doch Sinn?

Die Aktienbesitzer hätten dann etwas Zeit, sich gute Ausreden einfallen zu lassen, wenn ihre Gläubiger mit Hinweis auf satte Renditen ihre Kredite zurückforderten. Oder Zeit, zu überlegen, was sie mit ihrem neuen Reichtum anstellen sollen. Und wenn die Gewinnwarnung dem Konkurrenten gilt, so könnte der sich in Ruhe auf die Insolvenz vorbereiten. Oder vorher verkaufen.

Natürlich stimmt das nicht. Die Gewinnwarnung ist schlicht das Gegenteil von dem, was das Wort zu bedeuten scheint. Man warnt nicht vor dem Gewinn, sondern vor einem sich abzeichnenden Verlust; man kündigt an, dass Erwartungen enttäuscht werden und Geld verloren geht. Gewinnwarnung ist bloß einer der vielen landläufigen Euphemismen, ähnlich wie entsorgen für wegwerfen, genießen für essen, freistellen und verschlanken für entlassen und so weiter. Man kennt das. Kein Grund zur Aufregung. Oder etwa doch?

Tatsächlich beklage ich mich nicht über einzelne Schönrednereien, doch das Prinzip erscheint mir gefährlich. Denn die Verwendung und das Anwachsen von Euphemismen im öffentlichen Sprachgebrauch folgen einem mafiotischen Prinzip: Ich schaue dir nicht so genau aufs Maul, wenn du schönst, schmirgelst und aufputzt – und also bleibst auch du fein ruhig, wenn ich eine schmackhafte Soße aus positiven Vokabeln über meinen verschmorten Sachbraten kippe.

Notlügen sind nicht erlaubt, aber verzeihlich. Und manchmal sind sie sogar das beste Mittel, um Schlimmeres zu verhüten. Das darf aber nicht heißen, dass eine ganze Sprachgemeinschaft sich klammheimlich und kalt lächelnd auf ein hohes (und immer weiter steigendes) Maß an Nichtübereinstimmung von Wort und Ding einigen darf.

Doch das passiert, und so erscheint dann bei der Bilanzpressekonferenz im Anschluss an die Gewinnwarnung so etwas wie die „schwarze Null". Und statt lachend auf dieses kleine Sprachmonstrum zu zeigen wie das Kind auf des Kaisers neue Kleider, akzeptieren Presse und Fachleute sogar eine solche Spitzenleistung der Schönrednerei und machen daraus einen salon- oder parkettfähigen Begriff.

Auch die Bilanzen der Wirtschaft, hat einmal jemand gesagt, sind nur eine besondere Art von Prosa. Und die Bilanzpressekonferenz infolgedessen eine besondere Art von Dichterlesung. Aber es gibt gute und schlechte Literatur. Gute sagt, was die Sache ist (Hegel). Schlechte schmückt ihre dürftigen Inhalte mit rhetorischem Bombast. Ich weiß: Wer nach einer Gewinnwarnung schließlich doch noch eine schwarze Null präsentiert, zieht vielleicht den Hals aus der Schlinge der Analysten. Auf Dauer aber kann kein (Sprach-)System bestehen, das auf einem Lügenvertrag aller Beteiligten fußt. Es muss nur einer kommen und sagen: „Der Kaiser ist nackt" – und schon stehen alle Nullen in der Ecke, tiefrot vor Scham.

Angedacht

Ich gebe es zu. Neulich habe auch ich eines dieser schlimmen Wörter benutzt, vor deren Gebrauch ich ansonsten warne. Ich saß etwas beklommen in Gesellschaft, mir war nicht wohl in meiner Haut, und da ist es mir passiert. Ich habe nämlich gesagt, ich hätte etwas *angedacht*. Natürlich, und zu meinem Glück, hat keiner etwas gemerkt. Jedenfalls hat keiner etwas gesagt; dafür ist angedacht wohl mittlerweile zu geläufig. Und ich vermute, man bedarf seiner sehr.

Aber der Reihe nach. Angedacht ist eine Neuschöpfung, die noch nicht im Wörterbuch steht und vielleicht auch nie dort Platz finden wird. Als Passivform müsste es nämlich von einem Verb andenken abgeleitet sein, aber das gibt es nicht. Es gibt zwar ziemlich viele Verben mit dem Präfix an, von anbehalten bis anzweifeln, und natürlich gibt es das Denken an etwas. Aber das Andenken, sprich die Erinnerung oder das Mitbringsel aus dem Souvenirshop, gibt es nur als Nomen. Tatsächlich habe ich bislang auch immer nur die Passivform angedacht gehört. Vielleicht sagt man ja in irgendwelchen Büros schon Sätze wie „Der Chef denkt gerade ein Projekt an", aber in solche Wortschnellbrüter habe ich bislang noch nicht hineinhören können.

Doch denken Sie jetzt bitte nicht, ich wollte, ganz Oberlehrer, gegen ein Wort wüten, bloß weil es vielleicht nie in allen grammatischen Formen erscheinen wird oder kann. Das ist mir, ehrlich gesagt, ziemlich schnuppe. Meine Missbilligung gilt dem angedacht vielmehr, weil ich mich einfach nicht von dem Eindruck lösen kann, dass es eine Art von Denken bezeichnet, die zwar verbreitet ist, mir aber – nun, sagen wir: problematisch erscheint.

Denn wenn ich angedacht höre, dann höre ich so etwas wie

angebissen. Angebissen ist etwas, wenn schon jemand hinein-
gebissen hat. Nicht schlimm, oder? Tatsächlich verwendet man
aber angebissen in den allermeisten Fällen, wenn etwas nur, ich
betone: nur angebissen, nicht weitergegessen und damit für andere verdorben ist. Das angebissene Butterbrot ist eines, das dem
Besitzer nicht geschmeckt hat und vor dem sich jetzt der Hung-
rige ekelt.

Und was ist angedacht? In meinem Ohr sind das die vielen
Projekte und Projektleins und Projektelchen, die nach einem
ersten geistigen Anbiss schon all ihre Frische und vielleicht sogar ihre Genießbarkeit verloren haben. Da wird quer durch die
Republik angedacht wie angebissen, hier ein Plänchen, da ein
Entwürfchen, vielleicht auch mal ein kleines Visiönchen –
dann aber liegt die Sache wieder herum, und bald schon ist sie
reif für die gedankliche Biotonne.

Ja, ich weiß. Jeder noch so lange Weg beginnt mit einem
ersten Schritt. Wer sich durch einen Reisberg essen will, muss
mit einem ersten Biss beginnen. Und auch das Denken und
Planen hat einen Ursprung. Aber würde jemand sagen, Kolumbus habe den Seeweg nach Indien, Edison die Glühbirne und
Einstein die Relativitätstheorie – angedacht? Nein, das klänge
entsetzlich falsch!

Ich glaube, angedacht ist eine von jenen Rückzugsvokabeln,
hinter denen sich Sprecher in rauen und schwierigen Zeiten zu
verstecken suchen. Angedacht sagt man, wenn man eben nicht
wie Kolumbus für seine Gedanken ganz und gar verantwortlich
gemacht werden will. Ein Wort wie angedacht drängt sich auf,
wenn man sich gerne vorbehalten möchte, das Hefestückchen
Gedanke, in das man gerade gebissen hat, nicht aufessen bzw.
zu Ende denken zu müssen.

Mir wäre es daher lieb, niemanden mehr sagen zu hören, er
habe etwas angedacht. Das hat einen Beigeschmack von Feig-
heit. Neue Helden fordere ich, Sprech-Helden natürlich. Und

die werde ich leicht erkennen. Sie werden nämlich ganz einfach sagen: „Hier stehe ich, ich kann nicht anders. Ich habe etwas ausgedacht!"

Nachbesserung

Der Vorgang ist bekannt, er wird allmählich zur Folklore: Gerade hat ein sogenanntes Gesetzespaket nach ach wie vielen Irrungen und Wirrungen die sogenannten parlamentarischen Hürden genommen, die Tinte der präsidentalen (oder präsidentiellen?) Unterschrift ist noch nicht so richtig trocken – was verlangen da unisono Parteien, Verbände und interessierte Laien?

Richtig, der Kandidat hat 100 Punkte! Natürlich werden *Nachbesserungen* verlangt. Ob das nun von Fall zu Fall in der Sache gerechtfertigt ist oder nicht, sollen andere entscheiden. Ich frage mich vielmehr, was es aus der momentanen Karriere des Wortes Nachbesserung zu lernen gibt.

Auf den ersten Blick, so scheint es, nicht allzu viel. Nachbesserung ist eines der vielen Wörter, die sich der Fähigkeit unserer Muttersprache verdanken, so ziemlich alles Mögliche an Sprachmaterial miteinander zu verkuppeln. So hat das Verb bessern durch freundliche Übernahme neben nachbessern auch verbessern und ausbessern erzeugt. Allerdings war nachbessern bislang ein eher unscheinbares Wörtchen, das sich auf den Hinterbänken des Dudens sein Präfix plattsitzen musste, derweil die Kollegen im Rampenlicht stehen durften.

Vor allem natürlich verbessern! Denn während bessern überwiegend reflexiv als sich bessern gebraucht wird und allmählich nur noch den unerquicklichen Vorgang bezeichnet, der sich in Besserungsanstalten abspielt, schöpft verbessern eindeutig die Sahne vom Wortfeld ab (wenn ich mir diesen grauenhaften Bildbruch einmal gestatten darf). Verbessern ist wunderbar, und nichts gibt es, was nicht durchs Verbessern oder Verbessertwerden einwandfrei besser dastünde.

Schwieriger schon ausbessern. Hier wird im Grunde ja nur verbessert, was vorher beschädigt wurde. Eine Ausbesserung verbessert also eigentlich nicht die Sache oder den Umstand, sondern stellt (wenn überhaupt) den Zustand vor der Beschädigung wieder her. Ausbesserungen an Gegenständen sind in jedem Falle eine Wertminderung.

Was aber hat es mit der unscheinbaren Dritten im Bunde auf sich, mit der Nachbesserung? Ich glaube, sie rangiert, weit entfernt von der Verbesserung, noch unter der Ausbesserung. Das Ausgebesserte war vorher beschädigt, ohne dass sein Hersteller oder sein Besitzer daran unbedingt selbst die Schuld trugen. Das Nachzubessernde aber kommt offenbar bereits unvollkommen oder gar unbrauchbar aus der Produktion. Die Nachbesserung erfolgt dann, wenn in der Qualitätskontrolle oder beim Kunden der Mangel auffällig wird.

Fazit: Das Verbessern wird gerne gesehen. Das Ausbessern kann eine Kunst sein. Das Nachbessern aber ist eine peinliche Angelegenheit und muss eigentlich nicht sein. Doch ausgerechnet das Nachbessern hat eine so steile Karriere im öffentlichen Sprachgebrauch gemacht, dass seine beiden Kollegen beinahe in ein übersaisonales Sprachsommerloch fallen. Offenbar sind also in den letzten Jahren etliche Spitzenprodukte Made in Germany mit derart vielen Macken durch die Qualitätskontrolle gerutscht, dass ihnen schon auf dem Weg zum Kunden die Monteure nachlaufen mussten – womit das Nachbessern in alle Munde kam.

Oft werden solche Sprachhinterbänkler wie das Nachbessern nach vorne geschickt, wenn jemand ein Ding drehen will und dafür Trommler braucht, die so viel Lärm machen, dass man sein eigentliches Tun nicht bemerkt. Dabei werden die Wörter mit Absicht verschlissen. Aber manchmal ist es auch ganz anders. Dann findet sich in den weniger frequentierten Regionen unserer Sprache ein Wort, das die Sache sehr genau trifft. Und in solchen Fällen haben wir es vielleicht nicht mit einem Modewort zu tun, mit einer Jargonvokabel, deren Halbwertszeit weniger als ein Achtel Wahlperiode ausmacht. Nein, dann ist, wie so oft, die Sprache klüger als die, die glauben, sie hätten sie Griff. Nachbessern scheint mir so ein Fall zu sein.

Herunterbrechen

Erst ziemlich spät, als es sich schon durchgesetzt hatte, habe ich das Wort *herunterbrechen* kennengelernt – und ich war nicht amüsiert. Was damit gemeint ist, war mir rasch einigermaßen klar: Man verwendet es, wenn man sagen will, dass komplexe Aufgaben oder Sachverhalte vereinfacht oder aufgeteilt werden müssen, bevor man sie an untergeordnete und spezialisierte Abteilungen oder Fachleute weitergeben kann. Ein verständlicher Vorgang: Auf den obersten Etagen der Zentrale werden die Utopien formuliert, pardon, das Benchmarking betrieben; auf den mittleren Etagen bemüht man sich, die großen Ideen auf handliches Format herunterzubrechen; ganz unten setzt man sie schließlich in die Tat um. Oder, mit dem unsterblichen Wort Kurt Tucholskys: „Wenn einer Holz hackt und zwanzig stehen rum und schauen zu, dann sind die die Zentrale."

So weit, so gut. Doch ich frage mich, warum sich für solche Vorgänge ausgerechnet das Wort herunterbrechen durchgesetzt hat? Das „herunter" leuchtet mir noch am ehesten ein. Es gibt nun einmal überall in der Welt Hierarchien, auch im Wirtschaftsleben, ja da besonders. Und diese Hierarchien können vielleicht nach den Anweisungen von 1000 Ratgebern fürs moderne Management so flach wie eben möglich gestaltet werden; doch das ändert gar nichts daran, dass oben weiterhin oben und unten bis in alle Tage unten bleibt und dass es vom Oben zum Unten immer runter- und niemals raufgeht. Wenn also in herunterbrechen das Unabänderliche des Hierarchischen mitklingt, dann ist das vielleicht traurig, aber auch ziemlich ehrlich.

Hingegen: brechen! Muss das wirklich so sein? Müssen Utopien oder Zielvorstellungen oder komplexe Sachverhalte gebrochen werden, damit sie weiter unten ankommen? Oder muss

eine Last, die man auf viele Schultern verteilt, dazu erst gebrochen werden?

Vielleicht lehnt sich herunterbrechen ja ans Mathematische
an. Da bin ich leider wenig bewandert, erinnere mich aber immerhin noch leidlich an die Maßnahmen, mit denen man im
Matheunterricht sehr komplexen Zahlengebilden begegnete,
um sie wesentlich zu vereinfachen. Da wurde zum Beispiel in
Brüchen heftig dividiert und multipliziert, bis endlich zur all-
seitigen Beruhigung alles gleich eins oder noch besser gleich
null war. Standen vielleicht solche Vorstellungen beim Herunterbrechen Pate? So vollkommen stimmig wäre das zwar nicht,
aber Metaphern werden ja in den Köpfen und nicht auf der
Drehbank kreiert.

Doch wie dem auch sei: Das Gewaltsame und das Destruk-
tive in herunterbrechen will mir einfach nicht gefallen. Ebenso
wenig wie die deutlich mitschwingende Verzweiflung der Chef-
denker und Zentralenbewohner darüber, dass sie trotz aller Anstrengung niemals imstande sein werden, etwas Ganzes vollständig nach unten zu kommunizieren. Nichts Heiles, nichts
Integres, erst recht nichts Vollkommenes wird da jemals als solches ankommen, sondern immer nur: Teile, Splitter, Bruchstü-
cke. Das ist traurig.

Und je länger ich mir dieses Wort herunterbrechen vorsage,
desto trister, ja desto unappetitlicher erscheinen mir die Ränder
seines Bedeutungshofes. Schließlich bin ich fast versucht zu
glauben, es meine auch das, was man mit dem ganzen Ärger
machen muss, der einem über die Unmöglichkeit der Vermittlung des großen Ganzen täglich aus dem Magen aufsteigt. Genau, man muss ihn wieder herunterbrechen.

Zeitnah

Wenn man mich fragen sollte, ob ich den Zustand der gegenwärtigen Geschäftssprache (und damit den Zustand der gegenwärtigen Geschäftswelt) eher an dem imposanten Begriff Collaborative Business oder an dem kleinen Wörtchen *zeitnah* ablesen wollte, ich müsste keine Sekunde zögern! Collaborative Business bedeutet zwar „Wertschöpfung in unternehmensübergreifenden Netzwerken" und verspricht damit, was sich alle immer wünschen, nämlich: mehr Gewinn, obwohl alle betriebsinternen Optimierungspotenziale bereits vollständig ausgeschöpft sind. Aber Collaborative Business ist doch nur eine von vielen Zierschleifen auf den Überraschungsgeschenken der Unternehmensberater – während zeitnah ein Wort ist, mit dem der Geist unserer Gegenwart aus den Tiefen des Unbewussten in Millionen von Münder geschlüpft ist.

Alle sagen jetzt zeitnah. Pläne werden zeitnah umgesetzt, Termine zeitnah angesetzt, Realisationen zeitnah eingeklagt. Es wird zeitnah berichtet, informiert und gehandelt. Und was heißt das? Natürlich nichts anderes als: bald, umgehend, so schnell wie möglich. Am besten schon gestern.

Nun ist zeitnah nicht, wie ich anfangs dachte, eine Neuschöpfung. Ein altes Wort ist es zwar auch nicht, das Wörterbuch der Brüder Grimm kennt es noch nicht; aber der Duden von 1973 verzeichnet es bereits, und der aktuelle Duden wirbt sogar für sich mit dem Versprechen, zeitnah über die Veränderungen der deutschen Sprache zu informieren. Ich vermute, zeitnah ist einmal in Analogie zu hautnah oder beinah entstanden. Aber dann hat es einen Dornröschenschlaf geschlafen, und seit Kurzem wird es von Millionen Lippen schier zu Tode geküsst.

Was aber bedeutet nun diese wundersame Vermehrung eines etwas sperrigen Zeitwortes? Als Pragmatiker würde man antworten: Die bedeutet gar nichts. Wörter haben ihre Karrieren. Werden sie beschädigt, müssen sie eine Zeit lang aussetzen, wie zum Beispiel Volksgemeinschaft oder Kollektiv. Manche Wörter wechseln auch im Zuge ihrer Laufbahn das Trikot und bedeuten mal dies, mal das. Also kann so ein ungehobelter Kanten wie zeitnah ja auch einmal einen Karrieresprung machen und eine Zeit lang so etwas wie bälder als bald bedeuten. Nach den Gründen darf man da nicht fragen.

Aber ich bin kein Pragmatiker. Ich glaube nach wie vor, dass aus der Sprache etwas spricht, das klüger, vorwitziger, vielleicht sogar dümmer oder verzweifelter ist als seine Sprecher. Und daher glaube ich: Zeitnah muss heute alles geschehen, weil wir so sehr fürchten, von irgendeiner Entwicklung, die wir kaum erst begriffen haben, schon gleich abgehängt zu werden. Weil wir fürchten, dass es nicht reicht, nur gut und richtig und möglichst zügig zu agieren. Nein, da ist immer ein Trend, eine Mode, ein Hype, an dem wir nahe dran sein müssen. Und der größte Trend ist die Zeit selbst, die flüchtig ist und sich nicht stellen lässt und immer schon weg- oder sogar abgelaufen ist.

Hören Sie jetzt vielleicht das Versprechen, das aus diesem Wörtchen zeitnah spricht? Es ist das Versprechen, eine Sache nicht nur bald, sondern eben nahe an der Zeit schlechthin geschehen zu lassen. „Eins, zwei, drei, im Sauseschritt / eilt die Zeit. Wir eilen mit." Zeitnah wollen wir sein, und darin heben sich alle Vorstellungen einer Geschwindigkeit auf, die man noch mit der Uhr oder dem Tachometer messen könnte. Wenn wir zeitnah sind, dann werden wir vielmehr getragen vom Strom der Zeit selbst. Dann arrangieren sich plötzlich alle Termine wie von selbst, dann spüren wir gar nicht mehr, wie schnell wir sind, weil wir eins geworden sind mit der Zeit.

Zeitnah hat Karriere gemacht, weil die Zeit gekommen war, seine eher philosophische Bedeutung freizusetzen. Wir meinen bald oder jetzt, und treffen dabei zugleich mit einer Metapher ins Ziel: mitten in unsere Angst.

Partner

Soweit ich weiß, befindet sich ein großer Teil unserer Bevölkerung auf der Suche nach einem *Partner*. Siebzigtausend Singles, so meldet mir mein Internetanbieter auf seiner Startseite, haben sich allein bei ihm registrieren lassen, um möglichst bald einen Partner zu finden. Da wünsche ich natürlich viel Glück.

Doch andererseits kann ich mein Unverständnis nicht ganz verhehlen. Mir geht es nämlich umgekehrt: Ich kann mich vor lauter Partnern gar nicht mehr retten. Gestern zum Beispiel streikte mein Diktiergerät. Was also blieb mir übrig, als bei meinem Elektronikpartner ein neues zu kaufen? Auf dem Heimweg wollte ich dann meine Kontoauszüge abholen, aber da fing mich mein Partner von der Sparkasse ab, um mich über neue Anlagemodelle zu informieren. Ich überstand die nächsten Minuten mit einem betont partnerschaftlichen Lächeln im Gesicht; aber beim Verlassen der Bank war ich nicht schnell genug und lief meinem Partner von der Tankstelle gegenüber in die Arme, der mich darauf aufmerksam machte, dass mein alter Passat vor dem nächsten Gang zum TÜV seiner besonders partnerschaftlichen Zuwendung bedürfe.

Okay. Das war ein längerer Kalauer. Natürlich kennt jeder den Unterschied zwischen einem Lebenspartner und einem Geschäftspartner. Es geht einmal um Geld, einmal um Liebe; und da werden, so hoffe ich, keine Verwechslungen vorkommen. Was ich aber beklage, das ist der nachgerade inflationäre Gebrauch von Partner im alltäglichen Geschäfts- und Dienstleistungsleben.

Dabei ist die gute Absicht klar. Wenn das Verhältnis zwischen Anbieter und Kunde als Verhältnis zwischen Partnern bezeichnet wird, dann drückt sich darin die vollkommen richtige Tendenz aus, allen Beteiligten gleichen Rang und Status zukommen zu lassen. Der Verbraucherschutz auf der einen und die Kundenorientierung auf der anderen Seite haben ja den richtigen Zweck, die Gepflogenheiten der Alltagsökonomie an den demokratischen Grundsätzen von Freiheit und Gleichheit auszurichten. Es ist schön, dass Dinge hergestellt werden, die mir passen sollen; und es ist richtig, dass ich defekte Sachen zurückgeben darf.

So weit, so gut. Aber jeden Tankstopp, jede DVD-Ausleihe und jeden Obstkauf zu einer partnerschaftlichen Transaktion hochzustilisieren ist entschieden übertrieben. In Partner (von lateinisch pars, der Teil) steckt die Vorstellung gleichen Anteils an Besitz oder Produktivkräften; Partner im ursprünglichen Sinne sind eigentlich nur die Gesellschafter eines Unternehmens. Geschäftspartner ist eine Analogiebildung dazu; sie überträgt die Teilhabe vom Besitz auf die Beziehung, die man zueinander unterhält. Doch wenn ich es recht verstehe, wurde Geschäftspartner bislang im täglichen Sprachgebrauch als eine (diskrete) Auszeichnung für die etwas besonderen unter den vielen nicht so sehr besonderen Geschäftsverbindungen verwendet.

Nun aber soll es überall wieder sozusagen reine Partnerschaften geben? Nein, das geht zu weit. Ich bin dagegen. Nicht, dass ich von meiner Marktfrau und meinem Kontoverwalter wieder betrogen oder schnippisch behandelt werden möchte! Das nicht. Aber ich finde, dass man das Nebensächliche, das Beiläufige und das Beiherspielende im Leben auch so verstehen und bezeichnen sollte. Wer alles hochhebt, alles sprachlich adelt, findet am Ende keine Worte mehr für das wahrhaft Außergewöhnliche. Einen Partner zu haben ist schön und äußerst wünschenswert, im Leben wie im Geschäft. Aber mit fünf Partnern pro Tag wird es auch im Geschäftsleben eher nervig.

Brückentag

Ein besonders schönes Wort aus unserem ökonomischen Alltag lautet *Brückentag*. Das Phänomen ist bekannt: Gerne erscheint es zum Beispiel als ein alleinstehender Freitag, den man sich bloß freinehmen muss, um dann ganze vier Tage ins Blaue oder sonst wohin fahren zu können. Ja, so ein Brückentag ist etwas Schönes; und das nicht nur im Leben, sondern auch in der Sprache und also im Denken.

Was hat er jetzt nur, werden Sie vielleicht denken, gegen den Brückentag? Harmloser geht's doch nun wirklich nicht. Doch von dem Satiriker Karl Kraus stammt der Satz: „Familienbande, dieses Wort hat einen Beigeschmack von Wahrheit!" Und ähnlich geht es mir mit Brückentag. Ich höre darin, quasi mit dem dritten Ohr, eine versteckte Wahrheit. Warum heißt er so und nicht anders?, frage ich mich. Natürlich weil man einen Arbeitstag zwischen lauter Feiertagen überbrücken will. Klar. Aber liegt nicht vielleicht mehr und Wichtigeres in dieser scheinbar harmlosen Metapher verborgen?

Denn was überbrückt man? In der Regel unbegehbares, vielleicht sogar feindliches Terrain: Flüsse, Schluchten und Abgründe, eben alles, was dem bequemen Fortkommen hinderlich ist. Man überbrückt auch eine technische Pause zwischen zwei Vorstellungen (mit Musikeinspielungen) oder eine unvermeidliche Wartezeit beim Umsteigen (mit Zeitungslektüre). Außerdem überbrückt der Zahnarzt die Zahnlücke. Das jeweils Überbrückte ist also eine entweder gefährliche oder gefährlich langweilige oder einfach eine hässliche Sache.

Und also ist es vollkommen richtig und spiegelt es unser Bewusstsein, wenn wir den Freitag zwischen Himmelfahrt und Wochenende einen Brückentag nennen. Denn so man ihn zum Urlaubstag macht, überbrückt er die entweder gefährliche oder gefährlich langweilige oder hässliche Arbeit, die eigentlich angestanden hätte. Weit spannt er sich über menschenfeindliches Terrain, damit der Weg vom Schönen zum noch Schöneren von allen Störungen frei bleibt.

Das Wort Brückentag hält also die Überzeugung fest, dass die Erwerbsarbeit im Grunde immer noch die Folge einer dummen Ordnungswidrigkeit ist, die sich Adam und Eva im Paradies haben zuschulden kommen lassen. Sie verstehen? Richtig! Arbeit ist Strafe. Unter der litt man früher. Oder man versuchte vor ihr zu fliehen. Oder man begehrte dagegen auf. Oder man fügte sich.

Das ist heute anders. Heute wird sie überbrückt. Längst wuchert in allen werktätigen Köpfen der Traum von einem Jahr, in dem endlich alle beweglichen Feiertage so goldrichtig platziert sind, dass man mit einer Zahl von Brückentagen, die weniger als den Jahresurlaub ausmacht, praktisch kontinuierlich blaumachen kann. Der universelle, der gewissermaßen permanente Brückentag ist die zeitgenössische Vorstellung vom Paradies, in das man nicht zurückgelangt, weil die Strafe für den Sündenfall aufgehoben wäre, sondern weil wir endlich eine Stufe der Arbeitszeitplanung erreicht haben, auf der vermittels Agenda-Setting, Time-Management und Vertrauensarbeitszeit der letzte Rest an Fron und Mühe und Schufterei einfach auf null heruntergeteilt worden ist.

Daher auch die ungeheure Begeisterung, die der Brückentag auslöst. Der Brückentag ist der ehrlichste, weil vollkommen rationalistische Feiertag hierzulande. Man begeht ihn, endlich einmal ungestört von moralischem Dreinreden, durch reinen Konsum. Den Brückentag feiert man durch Shoppen oder durch rituelles, dabei aber völlig religionsfreies Grillen. Oder noch besser: Man feiert ihn im Stau auf der Autobahn, unterwegs in ein Land, in dem die Geschäfte niemals schließen.

Beschwerdemanagement

Ich bin ja naiv. Den Ausdruck *Beschwerdemanagement* habe ich lange Zeit für einen Gag gehalten, für einen Insiderwitz, eine lustige Formulierung des Umstands, dass man bei bestimmten Kundenbeschwerden den Hörer etwas weiter weg vom Ohr hält oder gewisse Schreiben ungelesen in den Papierkorb steckt.

Denkste. Man ist eben als Wirtschafts-Außenseiter in stupiden Klischees befangen und denkt sich viele ernste Angelegenheiten als alberne Komödien. Sowie umgekehrt. Tatsächlich gibt es längst eine seriöse und wissenschaftlich begleitete Diskussion über den Umgang mit Beschwerden; und der Begriff dafür, Beschwerdemanagement, ist gang und gäbe.

Den Sinn, ja die Notwendigkeit eines solchen Beschwerdemanagements habe ich mir daraufhin erklären lassen. Sie rührt daher, dass die Zeiten, da man auch einmal auf einen Kunden verzichten konnte, definitiv vorbei sind. Heute muss hingegen mit Blick auf den Umsatz auch die schrecklichste Nervensäge beruhigt und der lästigste Querulant zufriedengestellt werden, denn es ist siebenmal teurer, einen neuen Kunden zu gewinnen, als einen unzufriedenen zum Bleiben zu bewegen!

Daher ist ein integriertes Beschwerdemanagement wesentlicher Bestandteil der modernen Unternehmenskultur, was heißen will: Man erledigt nicht nur rasch und freundlich die aktuelle Beschwerde, sondern zieht aus ihr auch die kostenlosen Verbesserungsvorschläge, die sie explizit oder implizit enthält. Wichtige Daten für die Zukunft stehen damit zur Verfügung, Kosten werden eingespart, die Produkte werden verbessert und die Effizienz kann steigen und so weiter und so weiter. Und wer es ganz genau wissen will, dem sei noch gesagt, dass sich ein integriertes Beschwerdemanagement in die Stationen Beschwerdeanregung, Beschwerdeannahme, Beschwerdereaktion, Beschwerdebearbeitung, Beschwerdeauswertung und Beschwerdecontrolling gliedert.

So habe ich es jedenfalls nachgelesen; und es waren schon schwere Sprachbrocken, die ich da schlucken musste. So richtig wollen sie mir offenbar immer noch nicht durch die Kehle; das merke ich an dem roten Kopf, den ich beim Schlucken kriege. Denn ich frage mich: Sind das nicht alles schiere Selbstverständlichkeiten? Dass man seine Kunden (diese Könige) so freundlich und zuvorkommend wie möglich behandelt? Dass man sie zur Kritik ermuntert? („Waren die Herrschaften denn auch zufrieden?") Dass man aus seinen offenkundigen Fehlern lernt und sie in Zukunft zu vermeiden sucht?

Mir kommt das jedenfalls selbstverständlich vor. Und ich fürchte daher, das Reden vom Beschwerdemanagement ist nur der Versuch, dem Schwinden des Selbstverständlichen im sozialen Umgang zu begegnen. Was hier so gewichtig als Beschwerdemanagement und damit als spezieller Bereich der Betriebswirtschaft daherkommt, müsste doch eigentlich ganz natürlich und wie von selbst aus den Umgangsformen erwachsen, die jeder in seiner Familie oder in der Schule oder allerspätestens in den ersten Jahren seiner Berufsausbildung lernt. (So sie ihm nicht sogar von seinem Gefühl souffliert werden.) Und brauche ich ein Beschwerdemanagement, wenn mir der gesunde Menschenverstand nahelegt, aus meinen Fehlern zu lernen?

Ich glaube, wir erleben heute eine Globalisierung von allem und jedem – doch zugleich (und vielleicht sogar deshalb) ein Versinken von wichtigen Selbstverständlichkeiten im Orkus des Vergessens. Was gestern noch eine Norm war, an die sich vielleicht nicht alle hielten, an die man aber jederzeit erinnern konnte, ist heute schon Gegenstand der Wissenschaft oder Thema eines teuren Wochenendseminars für die Mitarbeiter im Kundendienst. Meine betriebswirtschaftliche Endabrechnung lautet daher: X minus Umgangsformen minus Alltagsklugheit plus Absatzprobleme plus Beschwerdemanagement gleich: alles wie früher. (Hoffentlich!)

Jobkrise

Wir haben eine *Jobkrise*. Das kann wohl niemand abstreiten; die Arbeitslosenzahl ist noch immer viel zu hoch. Aber haben wir wirklich eine Jobkrise? Oder anders gefragt: Erinnert sich noch jemand daran, wie das Wort Job in unsere Sprache und in unser Denken einzog?

Ich erinnere mich lebhaft. Es war zu einer Zeit, als mein Vater und alle Väter, die ich kannte, keine Jobs hatten. Dabei waren sie beileibe nicht arbeitslos, im Gegenteil, wir sahen die Männer vor lauter Überstunden manchmal erst am Samstagnachmittag. Aber sie hatten keine Jobs. Sie hatten vielmehr eine Stellung. Oder Anstellung. Wobei ich mich erinnern kann, dass Stellung erheblich besser war als Anstellung. Irgendwie noch fester gefügt, unverrückbarer, eine Angelegenheit für die Ewigkeit. Wer entlassen wurde, musste silberne Löffel geklaut haben.

Dann kamen die Jobs. Nein, es kam zuerst nur das Wort. Und das Wort transportierte eine Ahnung davon, dass anderswo, was natürlich hieß: in Amerika, die Leute nicht in Stellungen einzementiert waren. Und wenn ihnen ihre Anstellung flöten ging, dann stellten sie sich auch nicht besonders an, nicht einmal beim Arbeitsamt. Sie setzten sich hingegen in ihre Wohnmobile und fuhren so lange über die endlosen amerikanischen Highways, bis sie da ankamen, wo man sie wieder brauchte. Die, die nicht so gerne Wohnmobil fuhren, schulten um.

Und das alles funktionierte wegen der Jobs. Oder besser: wegen der Jobmentalität. Der Amerikaner, so erklärte es mein felsenfest angestellter Vater mit einem Unterton der Verachtung, betrachtet den Beruf eher als Mittel zu dem Zweck, sich Sachen zu besorgen, die er zum Campen und Grillen braucht. Während, so dachte ich damals, die deutschen Papas noch in den Siebzigerjahren ihre Berufe allesamt als Berufungen verstanden und ihre Anstellungen als friedliche Varianten der Stellungen, in denen sie den Krieg überlebt hatten.

Wenn jetzt aber von der Jobkrise geredet wird, meinen dann wirklich alle, die das Wort benutzen, was das Wort meint? Ich fürchte, nein. Wer will denn Jobs? Keiner! Die Söhne und Töchter der fest angestellten Väter wünschen sich auch heute vor allem eine Stellung. Und noch immer ist mit der Stellung verbunden, was so deutlich in ihr klingt: das Sichere, das Unbewegte und das Unbewegliche. Man arbeitet hierzulande nicht zum Broterwerb, sondern im alleremphatischsten Sinne: zur Existenzsicherung. Und nach wie vor sind die Stellungen eine Angelegenheit eher der Moral als der Ökonomie. Weshalb zum Beispiel der, der sie ins Ausland verlagert, ein vaterlandsloser Geselle ist!

Im Grunde ist uns allen die Jobmentalität noch immer fremd. Niemand will Jobs. Ich selbst bin Schriftsteller geworden, weil ich als solcher zwar scheitern, aber wenigstens nicht meine Stellung verlieren kann. Ich fürchte, wer heute Jobs fordert, begreift noch nicht, dass bald nur noch Jobs vergeben werden. Und dass man, schon um bloß die zu kriegen, seinen Traum von der Stellung wird aufgeben müssen.

Nur eines bleibt, solange all dies nicht zu Bewusstsein kommt, fest angestellt: die Krise.

Zielvereinbarung

Der Chef sagt: „Wir sind uns also alle einig, dass wir den Umsatz um fünf Prozent steigern wollen." Heftiges Nicken bei der Mannschaft. Klar, Umsatz steigern, dagegen gibt es wenig Argumente. Die kleine Konferenz löst sich auf, und die Beteiligten wissen: Sie haben jetzt eine *Zielvereinbarung* formuliert, akzeptiert und wahrscheinlich auch schon internalisiert. Freudig gehen sie ans Werk, denn in diesem Betrieb (in dieser Bank, in dieser Abteilung etc.) laufen alle Entscheidungsfindungen nach kommunikativen Regeln ab, die unlängst ein Beraterteam an einem Trainingswochenende – äh?, ja richtig: implementiert hat. Oder so ähnlich.

Von wegen! Das ist natürlich Humbug. Die Zielvereinbarung ist nichts anderes als die Befehlsausgabe. Der Hauptmann sagt (und das Folgende bitte mit preußischem Unterton lesen): „Hört ma' her, Männa. Kriege jrade Meldung, dass unser werta Feind die Endfabrauchapreise um jewaltije seks Prozentpunkte jesenkt hat. Donnawetta! Schlage also vor, wir antworten mit eina jehörijen Produktionssteijarung. Zielvaeinbarung klar? Oda wat?"

Oder was? Nein, folgsam begeben sich die Befehlsempfänger in ihre High-Tech-Unterstände und denken sich ganz schnell aus, wie man es dem Chef und der Lage am besten recht machen kann. Denn während das Wort Zielvereinbarung suggeriert, man könne sich, weil das so schön ist, dies oder das gemeinsam ausdenken und beschließen, diktiert doch im Wirtschaftsleben die schiere Tageslage einen Großteil der jeweils nächsten Maßnahmen.

Aber das will keiner laut sagen, so wenig wie man mit dem Umstand hausieren gehen möchte, dass schlussendlich doch einer das Sagen haben und die Verantwortung tragen muss. Siehe Fußball und Politik: Bei Niederlage oder Bankrott

kann man weder die Mannschaft feuern noch das Volk entlassen.

Allerdings leben wir nicht mehr in preußischen Zeiten, in
denen man alles Harsche, Barsche und Hierarchische gerne he-
rausdröhnte. Wir haben uns angewöhnt, die Sachen weicher zu
formulieren, in der Hoffnung, sie würden dann auch weicher
werden. Und das ist ein richtiger Gedanke: Im Pädagogischen
zum Beispiel hängt manchmal alles von der Art und Weise der
Vermittlung ab. Der Ton macht die Musik. Wir sollten froh
sein, dass auch die Demokratie ein Hofzeremoniell entwickelt
hat, in dem längst nicht alles gesagt werden darf, was die Beteiligten gerade denken.

Aber auch die besten Vorsätze können zu gefährlichen Schief-
lagen führen. Wer um des guten Tones willen die Dinge nicht
beim Namen nennt, läuft Gefahr, Instanzen wie denen zuzuarbei-
ten, die in George Orwells berühmtem Roman „1984" ein ganzes
Volk durch „Neusprech" regieren, das heißt durch eine Sprache,
in der vollkommen willkürlich die Begriffe ausgetauscht oder
ihre Bedeutungen manipuliert werden.

Nun will ich solche Schmusewörtchen wie Zielvereinbarung
nicht gleich zum gewalttätigen „Neusprech" rechnen. Ich
bleibe ein Verfechter des gemäßigten Umgangstons. Aber
man muss Acht geben, die alten wie auch die neuen Höflich-
keitsformeln als solche zu verwenden und zu erkennen, statt
sie für den Ausdruck des Eigentlichen zu nehmen. Entsorgen
bleibt in alle Zeiten wegwerfen und eher der Quell der Sorgen;
und wo genossen wird, wird in der Regel nur gegessen. Wir
brauchen auch in unserer Demokratie ein wenig Zeremoniell,
aber wir dürfen es nicht mit dem Leben verwechseln.

Kernkompetenz

Einmal unternahm ich, aus gegebenem Anlass, ein gefährliches Experiment, und zwar im Selbstversuch: Ich ging, außerhalb der Hauptgeschäftszeit, in den Bäckerladen meines Vertrauens, nahm dort den Bäcker beiseite und fragte ihn ohne große Vorrede, was denn eigentlich seine *Kernkompetenz* sei. Zum Glück war ich dem Bäcker als Stammkunde bekannt, daher gab er mir Zeit, ausführlich zu erklären, was denn damit gemeint sei. Und nachdem ich ihm erschöpfend erklärt hatte, dass es sich nicht um die Fähigkeit zur zahnfreundlichen Aufbereitung von Zierkirschen handele, antwortete mir der Bäcker mit einem leicht verzweifelten Unterton.

Seine Kernkompetenz sei, so sagte er, das Brotbacken. Und der verzweifelte Unterton rührte wohl weniger von einem eventuellen Selbstzweifel als vielmehr vom Zweifel an meiner Geistesverfassung. Ich war also genötigt, ihm den gegebenen Anlass meines Experiments mitzuteilen.

Es ging, kurz, knapp und kantig gesagt, um Klötzchen. Die Lego-Gruppe hatte gerade einen verheerend schlechten Geschäftsgang eingestehen müssen. Den Vorstand, der erst vor wenigen Jahren berufen worden war, um die sich damals andeutenden Probleme des Klötzchenriesen in den Griff zu bekommen, hatte man bereits entlassen.

Ich selbst hatte in diesen Jahren einer versuchten Konzernsanierung sehr nachdrücklich erfahren müssen, wie man das Image eines Unternehmens ruinieren kann, das doch einmal so etwas wie das Steinchen der Weisen erfunden hatte. Statt nämlich ihre Klötzchenwelt zu pflegen, verlegte sich die Lego-Führung damals darauf, alles und jedes und schließlich auch die am wenigsten rechtwinkligen Gegenstände und Welten ihrem sogenannten Portfolio einzuverleiben. Getrieben von der Angst, die dezidiert dreidimensionale Lego-Welt werde von den virtuellen Konkurrenten im PC bedroht, mussten schließlich auch Harry Potter und Fußball ihre Legoisierung ertragen. Meine Söhne ertrugen das freilich nur schwer. Weltweit sei, so heißt es, eins von vier Kindern aus der Lego-Welt ausgestiegen. Meine Söhne hatten zu diesen Aussteigern gehört. Und was wollte man jetzt tun? Nun, laut den Pressemeldungen, die damals von Dänemark aus um die Welt gingen, wollte man sich wieder mehr auf die Kernkompetenz des Unternehmens besinnen.

Besser als an diesem Beispiel kann der Wirtschaftslaie kaum erfahren, wozu es führt, wenn man die eigene Kernkompetenz vergisst. Aber mehr noch: Mein Bäckerexperiment hat mir bewiesen, dass bereits das Reden von der Kernkompetenz das deutlichste Zeichen dafür ist, dass man in der einschlägigen Krise steckt. Knapp und wieder kantig gesagt: Wer über seine Kernkompetenz nachdenkt, dem ist sie schon abhandengekommen! Und wer sie noch besitzt, der kennt nicht einmal den Begriff.

Kernkompetenz ist nämlich bloß ein anderes, etwas gravitätischeres Wort für das Selbstverständliche. Die Steine von Lego waren einmal so selbstverständlich wie das Brot des Bäckers. Das Selbstverständliche aber will immer praktiziert und gepflegt, niemals aber reflektiert werden, sonst wäre es alles Mögliche, aber nicht mehr selbstverständlich und – es verlöre seinen Zauber.

Das Selbstverständliche als solches zu bewahren ist eine zarte und stille Kunst. Moderne Konzernführungen, insbesondere aber hoch dotierte Sanierer, sind alles andere als still und zart. Unter gewaltigem Erfolgsdruck erfinden sie ad hoc alles neu: ein Firmenprofil, eine Kinderwelt, das Klötzchen. Nichts Selbstverständliches hat vor ihnen Bestand. Es siecht dahin, und auf seinem Grabstein steht dann nur ein Wort: Kernkompetenz.

Vertrauensarbeitszeit

Endlich kann auch ich einmal so richtig mitreden, also ganz aus eigener Praxiserfahrung. Denn obwohl ich Schriftsteller bin, kenne ich nicht nur die Arbeit; ich weiß auch, dass sie fertig werden muss. Bei uns Dichtern heißt das: Abgabetermin fürs Manuskript. Schlimm ist, wenn man einen hat; schlimmer ist nur, wenn man keinen hat.

Was ich aber nicht wusste, ist dies: Ich arbeite als Autor (unbewusst und unbedacht) seit unvordenklichen Zeiten nach einem Zeit/Arbeits-System, das momentan in der Wirtschaft der große Renner zu sein scheint. Und dort heißt es: *Vertrauensarbeitszeit.*

Ich erkläre kurz, worum es sich handelt, zur Sicherheit. Früher, da gab es die festen Arbeitszeiten, kontrolliert von einer Stechuhr – und wehe, man kam zu spät oder ging zu früh! Da setzte es eine Abmahnung. Dann kam die gleitende Arbeitszeit, die ich mir immer sehr plastisch vorgestellt habe: Alle Angestellten schliddern in riesigen Filzpantinen über die Flure. Aber im Ernst. Rund um die sogenannte Kernarbeitszeit konnte man ins Büro hinein- und wieder hinausgleiten. Kam am Schluss die vertraglich vereinbarte Wochenstundenzahl wieder raus – prima! Das war besonders sinnvoll für alleinerziehende Mütter und Väter; man weiß ja, dass besonders frühmorgens gerne was schiefgeht und man mal schnell weg muss. Oder abends. Oder überhaupt.

Aber das alles ist Vergangenheit. Jetzt gibt es die Vertrauensarbeitszeit, nach der, wie ich festgestellt habe, auch ich arbeite. Und die funktioniert so: Ich nehme mir ein Projekt vor, also vielleicht einen weltbewegenden Roman von 1000 Seiten. Darauf sagt mein Chef, also mein Verleger: „Toll, das drucken wir im nächsten Herbst." Worauf mich der Chef ab sofort total in

Frieden lässt und sich nicht im Geringsten darum kümmert, ob ich hinterm Schreibtisch sitze und mir die Finger wund schreibe oder in der Badewanne liege und Herrenmagazine lese. Egal! Hauptsache, ich gebe rechtzeitig exakt 1000 Seiten einwandfrei weltbewegende Romanprosa ab.

Toll, diese Vertrauensarbeitszeit. Der Verlegerchef kann sich in der Zwischenzeit um die Autoren kümmern, die noch nach Gleitzeitregelung arbeiten und daher spätestens um halb zehn am Schreibtisch sitzen müssen. Oder er kümmert sich um die ewiggestrigen Subjekte, die noch Knute und Stechuhr brauchen. Wohingegen ich – ja, was tue ich eigentlich, da so viel Sonne des Vertrauens mich bescheint? Ich will es gerne sagen: Ich mache mir in jeder Minute, die ich nicht am Schreibtisch sitze, genau deswegen die bittersten Vorwürfe. Selbst im Bett noch, kurz vor dem Einschlafen, da ich mich gerade dabei ertappe, nicht an weltbewegende Prosa, sondern an irgendeinen Unfug gedacht zu haben, stelle ich mich zur Rede. Fauler Sack!, sage ich dann. Liegst hier herum und enttäuschst in einem fort das Vertrauen deines Verlegers. Hättest gerade heute wieder mit etwas mehr Fleiß und Selbstdisziplin das Doppelte oder Dreifache schreiben können.

Aber ganz im Ernst. Ich weiß, was totale Selbstorganisation bedeutet: Mit meinem Beruf ist sie untrennbar verbunden. Aber ist sie ein Segen und ein Allheilmittel? Oder hat nicht vielleicht auch der alleraufgeklärteste und allerselbstbestimmteste Arbeiter ein gewisses Recht auf – Kontrolle?

Stattdessen: Vertrauensarbeitszeit. Ich kenne sie und weiß, warum sie so heißt. Nicht, weil mein Verleger darauf vertraut, dass ich mich selbst organisieren kann. Sie heißt vielmehr so, weil mein Verleger fest darauf vertrauen kann, dass es keinen wirkungsvolleren Antrieb für meine Produktivität geben kann als mein permanent schlechtes Gewissen. So ist das bei mir.

Und in der Wirtschaft?

Zeitfenster

Als ich noch im Oberseminar saß, da gab es Termine. Zum Beispiel Abgabetermine für Referate. Man hielt den Termin ein, oder man tat es nicht. Basta.

Nun war ich als Student und bin ich auch als freiberuflicher Autor sicher keine Koryphäe im Einhalten von Terminen. Oft genug kommt es vor, dass ich mir in meiner Funktion als mein eigener Chef allerlei unverantwortlich großzügige Terminverlängerungen zugestehe. Für die pünktliche Abgabe meiner Texte muss ich schon ein gerüttelt Maß an Selbstüberwindung aufbringen. Doch gerade diese Neigung zum Schlendrian hat mich besonders hellhörig gemacht für das momentan grassierende Modewort *Zeitfenster*.

Hat sich, so frage ich mich, in der herrschenden Auffassung von Zeit und Pünktlichkeit etwas geändert, wenn an die Stelle des Termins das Zeitfenster tritt? Das würde mich interessieren!

Ich versuche genau zu sein. Der Termin war ein Punkt auf der Zeitskala. Kaum war er gekommen, war er auch schon verstrichen. Es galt das Datum des Poststempels. Der Termin schrieb sich vom Terminieren her, das heißt: Er setzte einer Zeitspanne ein unwiderrufliches Ende. Das klingt grausam und war es bisweilen auch.

Wie anders das Zeitfenster! Im Gegensatz zum Termin hat es eine Ausdehnung. Es ist kein Punkt, sondern hat Breite und Höhe; und während im Termin etwas geradezu Letales steckt (Terminator), assoziiert man mit dem Fenster unwillkürlich heitere Helligkeit, schöne Aussicht und frische Luft. Vielleicht macht es sogar richtig Spaß, einen Entwurf, ein Konzept oder was auch immer nicht an einem Termin abzuliefern, sondern gewissermaßen durch ein Zeitfenster hindurch dem Auftraggeber zu reichen. Gemalt sähe das dann in etwa so aus wie die Genrebilder, auf denen die sorgsame Mutter dem Sohn ein Brot aus dem Küchenfenster reicht oder der Postbote dem liebenden Mägdelein ein Briefchen zu selbigem hinein. Ganz reizend.

Ich vermute übrigens, dass das Zeitfenster in einer gewissen Analogie zum Startfenster entstanden ist. Das war (und ist) die Phase, in der Raketen vom Boden abheben oder aus einer Erdumlaufbahn sich lösen müssen, damit sie komplizierten Berechnungen folgend ihr Ziel erreichen können. Dabei hat das Startfenster eigentlich eher unerfreuliche Implikationen. Wird es nämlich verpasst, ist es erst mal Essig mit der Raumfahrt; man startet nicht ins All wie zu einem Spaziergang. Bei Verspätungen sind da leicht ein paar Millionen Aufpreis fällig.

Worauf ich hinauswill: Alle Zeitfenster, wie heiter sie auch scheinen, schlagen einmal zu – und dann haben wir ihn wieder, den bösen alten Termin. Sinn des Zeitfensters scheint mir daher weniger eine Aufhellung als vielmehr eine Verschleierung, wenn nicht gar Verdunkelung des Umstandes zu sein, dass die Zeit noch immer unaufhaltsam abläuft und es irgendwann einmal für alles zu spät ist.

Solch strenge Botschaften aber sind schwer zu vermitteln, manchmal vielleicht sogar unzumutbar. Es muss ja überall, wenn nötig auf Biegen und Brechen, entspannt und locker zugehen. Und obwohl, besser: weil besonders im Berufsleben die Zeiten immer härter werden, muss das Reden gelegentlich besonders weich sein. Je schneller das Ende kommen kann, desto weniger darf es ausgesprochen werden. Zwar mischt sich unser aller letzter Termin, der Tod, immer lebhafter in die aktuellen Debatten, weil es an Geld fehlt, ihn mundtot zu machen. Aber da, wo die Gesunden und Tatkräftigen agieren, wird der jeweils nächste Termin vorerst noch mit Erfolg zum Zeitfenster schöngeredet.

Visionen

In Berlin, Unter den Linden, verkündete ein Friseur in sehr großen Lettern auf seinem sehr großen Schaufenster, er habe *Visionen*. Zuerst wollte ich lachen. Auf meine eigene Frisur kommt es nicht mehr an, aber zu einem Friseur, der Visionen hat, möchte ich keinen mir lieben Menschen schicken, der noch genügend Schopf dafür bietet. Form- und Stilgefühl: ja. Handwerkliches Geschick und Gespür für Modisches und Machbares: gern. Aber Visionen, während die scharfe Schere klappert? Nein, danke.

Wieder zu Hause in der Provinz, wo es noch keine visionären Friseure (Visioneure?) gibt, ging ich mit meinem Erlebnis fleißig hausieren, erntete aber keineswegs das Gelächter, mit dem ich gerechnet hatte. Ob ich denn nicht wisse, dass Visionen zu haben schon längst zur unverzichtbaren Standardausrüstung aktiver (proaktiver!) Menschen in der modernen Wirtschaft gehöre? Keine Initiativbewerbung eines Jobsuchenden mehr, in der nicht das Visionen-Haben an prominenter Stelle der Selbsteinschätzung rangiere. Und keine Präsentation eines Unternehmens oder einer Agentur ohne den Hinweis darauf, dass man, und das quasi pausenlos, Visionen habe.

Ich begann also, mir das Karrierewort Visionen näher anzuschauen. Doch: „Je näher man ein Wort ansieht, desto ferner sieht es zurück." Was sind denn eigentlich, fragte ich mich, Visionen? Doch wohl innere Gesichte, Blicke in die Zukunft oder in andere Welten mit geschlossenen Augen. Aber das allein genügt noch nicht. Was nämlich vor dem inneren Auge der Visionäre gestanden hat, das muss durch spätere Realitäten gedeckt sein. Sonst sind es keine Visionen, sondern nur Spinnereien.

Genauer: Die technischen und gesellschaftlichen Visionen von Erfindern und Politikern nennen wir nur so, weil wir im

Nachhinein beurteilen können, inwieweit sie sich als die Realität der Zukunft erwiesen haben oder zumindest zur Grundlage einer breiten Bewegung geworden sind. Als Ford eine Welt des automobilen Individualverkehrs vor sich sah, hatte er eine Vision. Als Edison glaubte, der Strom könne die Nacht zum Tage machen, hatte er eine Vision. Als hingegen die frühen Flugpioniere glaubten, man könne in Vogelkostümen fliegen, war das bloß ein Irrtum, und die Leute stürzten ab.

Wie aber ist es mit Visionen, von denen die Visionäre behaupten, sie hätten sie gerade eben erst gehabt? Da sind wir doch ziemlich vorsichtig. „Wer Visionen hat, sollte zum Arzt gehen", sagte einmal der notorisch pragmatische Kanzler Helmut Schmidt. So streng sollte man vielleicht nicht sein. Aber die Vorstellung von hauptamtlichen Ganztagsvisionären – hat sie nicht etwas Gewolltes und Gequältes?

Ich glaube, es spricht nichts, aber auch gar nichts dagegen, Pläne, Konzepte und Entwürfe für die Zukunft zu machen und dann mit Engagement, Kraft und Liebe an ihre Verwirklichung zu gehen. Ziele, und seien es kühne Ziele, brauchen wir alle und brauchen wir sehr. Aber diese Ziele sollte man nicht inflationär Visionen nennen, um sie so mit dem Geruch des Genialischen, wenn nicht gar mit dem der göttlichen Eingebung zu umwehen. Visionen auf Bestellung hat nur der Scharlatan. Und von dem lassen wir uns nicht beraten – ja, vielleicht nicht einmal die Haare schneiden.

Brauch ohne t

Wir sind alle Physiognomen. Das heißt, wir beurteilen andere Menschen nach ihrem Aussehen, nach ihrer Gestik und Mimik. Das ist oberflächlich und ungerecht, aber im Alltag nicht vollständig zu vermeiden. Es ist ein Teil unserer Natur, gegen den unsere Kultur nicht vollständig ankommt. Und manchmal ist es ja auch durchaus hilfreich.

Neben der gewöhnlichen Physiognomik gibt es eine spezielle Sprachphysiognomik. Der Stil, hat ein französischer Philosoph gesagt, das sei der Mensch selbst. Oder: Rede, damit ich dich sehe! Auch die Sprachphysiognomik funktioniert im Alltag weitgehend automatisch; man kontrolliert sie nicht, allenfalls kann man sich im Nachhinein der Kriterien innewerden, die man selbst verwendet. Ich zum Beispiel habe erst nach einiger Zeit begriffen, dass ich eine starke Abneigung gegenüber bestimmten Menschen hege, nur weil sie ein t weglassen. Tatsächlich höre ich manchmal nur noch kurz hin, und spätestens nach einer Minute habe ich, ob ich will oder nicht, ein Urteil gefällt. Daumen rauf oder Daumen runter. Basta!

Es geht ganz einfach. Ich höre, ob jemand das Wort brauchen – nein!, nicht, ob er es im Infinitiv mit oder ohne zu gebraucht. Ich höre bloß, ob er es in der dritten Person Singular mit oder ohne t gebraucht. Und danach entscheidet es sich in mir. Ohne t: pfui, mit t: hui.

Leider werde ich über diesem Test allmählich zum Misanthropen. Denn eine beachtliche sowie beachtlich wachsende Zahl von Menschen lässt dieses t bereits weg: auf der Straße und im Bus, aber auch in der Schule, in Uni, Radio und Fernsehen. „Der Konsument brauch genaue Aufklärung." – „Sven brauch mehr Zuneigung." – „Der Kanzler brauch eine eigene Mehrheit."

Nun bin ich allerdings berufsbedingt kaum imstande, die Zweifel am eigenen Verhalten länger als ein paar Wochen zu unterdrücken. Und daher frage ich mich, was uns denn eigentlich trennt? Mich, der ich an dem kleinen, harten Laut zu kleben scheine, und die sehr vielen anderen, denen es offenbar nichts ausmacht, Hand – pardon: Zunge an die deutsche Grammatik zu legen. Was aber tut man, wenn man drauf und dran ist, die anderen als die Normalen und sich selbst als den Sonderfall zu betrachten? Richtig, man wendet sich an die Wissenschaft.

Und die gab mir in Gestalt des Grammatik-Dudens zuerst einmal Recht: Den allmählichen Verlust des zu beim brauchen könne man durchaus tolerieren, weil hier die zu-lose Praxis bei müssen, können, dürfen und wollen nachgeahmt werde. Da arbeite gewissermaßen die Sprache selbst an einer sinnvollen Vereinheitlichung ihrer Regeln. Andererseits aber werfe der Umstand, dass in „er/sie/es muss/darf/will/kann" kein Endungs-t erscheint, nicht die geringste Legitimation für „er/sie/es brauch" ab. Schließlich endeten fast alle deutschen Verben in der dritten Person Singular auf t.

Aber ich fürchte, da wird der Duden sich nicht durchsetzen. Offenbar ist die Sprache selbst jetzt auf dem Wege dahin, die Hilfsverben einer Rechtsprechreform zu unterziehen, die wesentlich weitreichender ist als die sogenannte Rechtschreibreform es war. Und diese Reform kommt (im Gegensatz zu anderen) zügig voran. Das Endziel sieht wohl so aus: ich brauch, du brauchs, er/sie/es brauch, wir brauch(e)n, ihr brauch(t), sie brauch(e)n. In genauer Analogie zu: ich kann, du kanns, er/sie/es kann, wir könn, ihr könn(t), sie könn. Und das alles natürlich mit dem Ideal vor Augen: I can, you can, he/she/it can, we can, you can, they can.

Und also ist, wer brauch sagt, wahrscheinlich nur ein wenig weiter fortgeschritten auf dem anscheinend alternativlosen

Weg zu einer am Englischen orientierten Vereinfachung unserer bekanntermaßen so schwer globalisierbaren deutschen Grammatik. Wer brauch sagt, arbeitet an der internationalen Kompatibilität unserer Sprache. Er betreibt Schwellenabbau und fördert Integration. Er macht uns noch ein wenig fitter für die Weltmärkte. Und das kann doch eigentlich nicht so falsch sein?

Aber wenn wir uns schon einmal versuchsweise in den Denkraum der globalen Ökonomie begeben, dann gilt auch das Folgende: Der brauch-Sager ruiniert ein Alleinstellungsmerkmal unserer Sprache, indem er die eigentümliche Konjugation unserer Hilfsverben nivelliert. Es mag ja sein, dass das Deutsche ein bisschen schwierig ist. Aber verglichen mit dem Chinesischen lernt es ein Europäer im Handumdrehen; eine Anglifizierung der Hilfsverben tut da wirklich nicht not. Im Gegenteil, man erkennt das Originale und Eigentümliche am besten an seinen Macken und Kanten; genau die prägen die Marke.

Als Deutsch Sprechende sind wir in der globalen Kommunikation eine sehr kleine Minderheit; und Minderheiten tun gut daran, ihre Folklore zu pflegen. Das wirkt zwar manchmal etwas tümlich, und gelegentlich möchte man sich schämen. Aber die Alternative lautet: sang- und klanglos verschwinden. Und deshalb hänge ich an dem t in braucht. Weil ich Angst habe, mit ihm zusammen zu verstummen.

Denglisch

Wenn man sich abfällig über Modewörter äußert, wird man oft darauf hingewiesen, dass sie sich der Übersetzung aus einer anderen Sprache verdanken, meistens natürlich aus dem Englischen. Und damit sei, so lautet dann ein Argument, der Kritik doch alle Grundlage entzogen. Ober ob man vielleicht etwas gegen Übersetzungen habe?

Habe ich natürlich nicht. Es ist ja zweifellos eine der größten Kulturleistungen der Menschheit, die babylonische Sprachentrennung nicht als irreparable Naturkatastrophe hinzunehmen, sondern durch Übersetzung den Austausch zwischen den Kulturen zu befördern. Ich selbst lese, wie wir alle, übersetzte Literatur, und ich tue das in dem Vertrauen, dass ein fähiger Übersetzer mir nicht nur den ungefähren Inhalt, sondern auch Sinn und Wesen des übersetzten Textes vermittelt.

Aber gerade bei einer solchen, einer wesentlichen Übertragung, wird der Übersetzer sich nicht verhalten können wie diese kleinen elektronischen Geräte, die mit wenig Rücksicht auf den Kontext und quasi eins zu eins übersetzen – nach dem Muster: Nun geht es los = Now goes it loose. Der verantwortungsbewusste Übersetzer wird vielmehr immer wieder ermitteln müssen, welcher Ausdruck der Zielsprache dem in der Quelle verwendeten am besten entspricht. Wo der Niederländer sagt: „Da lässt einer die empfindsame Seele heraushängen", wird er daher nicht genau so übersetzen, sondern vielleicht mit „Da markiert einer den Empfindlichen".

Und damit speziell zum Wirtschafts-Denglisch, das man gern vor meiner Kritik in Schutz nimmt. Ich bin vollkommen einverstanden damit, wenn sich ein gewisses Fachvokabular weltweit ausbreitet. Das verhindert Missverständnisse und reduziert den Interpretationsspielraum auf ein Mindestmaß. Wie in Rechtsfragen wünscht sich die Wirtschaft ja auch in der Sprache Sicherheit und Kompatibilität.

Andererseits aber will und kann ich nicht verstehen, warum auch über den Kreis der Fachtermini hinaus eine Internationalisierung (was fast immer bedeutet: Anglifizierung) des Vokabulars vorangetrieben werden soll. Denn erstens: Warum übersetze ich englische Wendungen ins Deutsche, wo doch deutsche Texte, gedruckt oder gesprochen, sich ausschließlich wieder an Deutsch verstehende Menschen wenden? Mit Englischsprechern Englisch zu sprechen macht (pardon: hat!) Sinn. Aber warum um alles in der Welt muss ich beim Reden mit Deutschen englische Ausdrücke in fragwürdiger deutscher Übertragung verwenden? Das funktioniert doch nicht einmal als Unterwerfungsgeste, weil ja gar kein Englischsprecher zuhört bzw. weil er es gar nicht verstehen würde.

Und zweitens: Wissen denn alle Benutzer des Denglischen eigentlich so ganz genau, welchen Leumund die jeweiligen Vokabeln und Wendungen in ihrer Ursprungssprache haben? Selbstverständlich ist doch nicht nur das deutsche, sondern auch das englische Alltagssprechen durchzogen von allenfalls mittelprächtigen Elementen, auf die man besser verzichten sollte. Für einen Nicht-Muttersprachler aber braucht es enorm viel Erfahrung und Einfühlungsvermögen, um in einer fremden Sprache zwischen nachlässigem Alltagsjargon und gelingendem Ausdruck zu unterscheiden.

Ich glaube also, es gibt genug gute Gründe, kritisch durchs Denglische zu streifen, um dort sinnvolle Fachsprache von pseudo-internationaler Dicketuerei bzw. Dünnbrettbohrerei zu scheiden.

Performance

Das Wort *Performance* kannte ich eigentlich schon immer: einerseits aus dem Englischunterricht, andererseits und insbesondere aus der Kunst. Im Englischunterricht bedeutete performance Vorstellung, oft, aber nicht immer im Sinne von Aufführung, und es war ein Wort, das nicht häufig vorkam. Beim Radebrechen mit Austauschschülern oder während der obligatorischen Klassenfahrt nach London behalf man sich mit action.

Eine große Rolle hingegen spielte das Wort in der Kunst, insbesondere während der Siebzigerjahre, als ich meine wesentliche Sozialisation erfuhr. Performance hieß damals (und heißt heute noch) eine sehr schwer zu bestimmende Art inszenierten Kunstwerks: etwas auf der Mitte zwischen Skulptur und Theaterstück. Performances sind bewegt und belebt; sie sind mit Absicht flüchtig, wenn nicht gar einmalig. Früh schon setzten die Performance-Künstler neben dem eigenen Körper gern Filme und Dias ein. Vielleicht kann man sagen, dass die Performance-Kunst eine Antwort auf die Schnelligkeit und Flüchtigkeit, aber auch auf die Dominanz der modernen Medien ist. Performances sind daher sicherlich eine unserer Zeit angemessene Darstellungsform – aber!

Aber sie hatten und haben es schwer, den Ruch der Scharlatanerie loszuwerden. Ich habe es damals selbst erlebt: Manche Künstler, denen die Kraft, der Mut und das Potenzial zur Gestaltung fehlten, machten aus all diesen Mängeln eine Inszenierung – und nannten sie Performance.

Als ich viel später durch eine Verkettung von Zufällen dazu kam, mich als Schriftsteller für Wirtschaftsdinge zu interessieren, begegnete mir das Wort Performance wieder. Und für eine kurze, in der Rückschau betrachtet ziemlich stupide, dabei aber auch wieder rührend unschuldige Zeit dachte ich, mit Performance sei in einem zart ironischen Sinne das ganze gekünstelte Gezappel und Gehampel und Getöne gemeint, das Wirtschaftsunternehmen in der Öffentlichkeit vorführen, um sich in ein möglichst gutes Licht zu rücken. Quasi die überdrehte Marketingvariante der Selbstdarstellung.

So naiv war ich! Heute weiß ich, dass Performance in der Sprache der Wirtschaft mit dem schlichten Begriff Erscheinungsbild ganz passabel übersetzt werden könnte. Wobei Performance im Wirtschaftsleben auch nicht ironisch verstanden, sondern (wie ach so vieles) emphatisch, was auch heißt: tod- und bitterernst genommen wird.

Und dennoch kann ich, wenn ich Performance höre, die unstatthafte Assoziation zu den vielen peinlichen Kunstersatzhandlungen, die ich mir habe ansehen müssen, nicht vollends unterdrücken. Vielleicht haben die Nicht-Übersetzer, als sie die Unternehmensperformance in den deutschen Sprachgebrauch zogen, sogar darauf spekuliert: auf das Trendige und Hippe, das sich mit Performance noch verbindet. Aber Vorsicht, jeder Trend kehrt sich irgendwann gegen sich selbst! Ich jedenfalls bin schon einer, der bei Performance sofort an Mittelmäßigkeit und Effekthascherei denkt. An Schaumschlägerei zur Ablenkung von dem Umstand, dass einem wieder mal nichts eingefallen ist. Und das kann, wer Performance sagt, doch wirklich nicht wollen.

Gender Mainstreaming

Als ich das Wort zum ersten Mal hörte, dachte ich: Vielleicht eine psychedelische Rockband der frühen Siebzigerjahre? Dann ließ ich mich belehren:

Gender Mainstreaming ist der Begriff für das Bemühen, die Chancengleichheit von Männern und Frauen in die politischen Konzepte und Maßnahmen der Europäischen Gemeinschaft einzubinden. Dabei geht es freilich nicht, wie noch im Pleistozän der Emanzipation, um schiere statistische Parität (oder Proporz oder Quote) – nein: „Die Unterschiede zwischen den Lebensverhältnissen, den Situationen und Bedürfnissen von Frauen und Männern systematisch auf allen Aktionsfeldern der Gemeinschaft zu berücksichtigen, das ist die Ausrichtung des Mainstreaming-Grundsatzes, den die Kommission verfolgt." Oder anders: „Da es darum geht, eine dauerhafte Weiterentwicklung der Elternrollen, der Familienstrukturen, der institutionellen Praxis, der Formen der Arbeitsorganisation usw. zu fördern, betrifft die Chancengleichheit nicht allein die Frauen, die Entfaltung ihrer Persönlichkeit und ihre Gleichstellung, sondern auch die Männer und die Gesellschaft insgesamt, für die sie ein Fortschrittsfaktor und ein Unterpfand für Demokratie und Pluralismus sein kann."

Vielleicht ja auch: des Glückes Unterpfand? Zu lesen ist dieses Drucksache (nicht Sprache!) gewordene Einstürzen eines Aktenberges zusammen mit vielen weiteren Informationen zum Thema in den Tiefen des EU-Netzes.

Nun verstehe mich bitte keiner falsch. Ich wäre der Letzte, der gegen die Gleichberechtigung der Frauen spräche. Und nach reiflichem Überlegen will ich auch einer Gleichberechtigung der Männer zustimmen. Aber warum um alles in Europa muss denn ein so humaner und vernünftiger Gedanke in derart krachenden Sätzen daherkommen und dabei ein Schild vor sich hertragen, auf dem Gender Mainstreaming steht?

Heißt es nicht: Man soll dem Amerikaner lassen, was des Amerikaners ist? Und wenn das Mutterland der politischen Korrektheit sich unbedingt die Zunge verknoten will, warum ahmen wir diese unerfreuliche Leibesübung nach?

Ich fürchte, wir tun es, weil viele der Zuständigen sich lieber die Zunge verknoten, als damit Worte auszusprechen, in denen sie und die Sache dastünden, wie sie sind. Es geht doch bei Gender Mainstreaming darum, zahlen- oder quotenfixiertes Denken durch etwas zu ersetzen, das man vielleicht ganz schlicht so nennen könnte: Aufmerksamkeit und Gerechtigkeit. Die zeitgenössischen Lebensverhältnisse sollen ohne Vorbehalt und ohne ideologische Scheuklappen betrachtet, Männer und Frauen so behandelt werden, dass ihren Rechten und Ansprüchen Genüge getan wird.

Aber ein solcher Vorsatz ist, leider, zu einfach. Wer so dächte und redete, der käme zwar mit wenig Wörtern (und mit sehr wenig zollfrei importierten Jargonvokabeln) aus – aber er stünde mit seinem Reden eher ärmlich zwischen den anderen, die den Umstand, dass sie nichts denken und infolgedessen wenig zu sagen haben, unter prächtigen Wortroben verbergen.

Und genau dies ist das Schlimme. Relativ leicht erkennt man immer die, denen der Jargon als Deckmantel ihrer Substanzlosigkeit dient. Aber wie der Jargon diejenigen nivelliert, die ihn gar nicht nötig hätten, und wie selbst das freieste Denken unter dem zwanghaft angepassten Reden verschwindet – das bleibt oft unerkannt. Man sollte sich stets um ein Wort bemühen, das schlicht, aber dem Gedanken angemessen ist. So ein Wort ist manchmal schwer zu finden. Und niemand verlangt, es müsse immer gelingen. Je höher die Ansprüche sind, desto näher liegt das Scheitern. Aber wenn die Suche nach dem gelingenden Ausdruck aufgegeben wird, haben wir nur noch ein Denken von der Stange.

Window-dressing

Wenn man wollte, könnte man lustig sein und ganz scherzhaft fragen, was denn eigentlich *Window-dressing* ist? Der Versuch, sich stets und immer genau so anzuziehen wie die Modepuppen in den Schaufenstern? Oder ist Window-dressing eine sehr fein abgeschmeckte Salatsoße, die beim Verzehr das Gefühl erweckt, man sitze am offenen Fenster? Ist es ein Hilfsprogramm für den Computer, mit dem man Bill Gates' Benutzeroberfläche ein wenig schicker einkleiden kann? Oder ist es der aus den USA übernommene Brauch, im Dezember die Fenster mit blinkender Weihnachtsfolklore zu dekorieren?

Aber wer kann schon lustig sein, wenn er weiß, dass man mit Window-dressing all die kleinen Tricks bezeichnet, mit denen insbesondere die Unternehmen im Geldgeschäft ihre „Performance" ein wenig verbessern. Da kann zum Beispiel ein Fonds, dessen Pferdchen an der Börse ein wenig gelahmt haben, schnell (und für großes Geld) bei einem erfolgreichen Renner aufsatteln – und wenn er das rechtzeitig vor der Veröffentlichung seiner Reportings tut, dann denken die Investoren: Hoppla, da hat aber einer eine gute Nase gehabt. Da ist unser Geld sicher aufgehoben, den holen wir ins Boot unserer Träume.

Ich glaube, früher nannte man dergleichen Augenwischerei. Das ist eigentlich ein sehr schönes Wort; jedenfalls ist es ausgesprochen bildhaft und überdies zart genug, um zu signalisieren, dass man ohne fünfe gerade sein zu lassen und ohne a bisserl Schmäh nicht durchs Leben kommen wird. Notlügen gehören auch in diese Kategorie; im Englischen heißen sie white lies, was noch ein bisschen versöhnlicher und lebenserfahrener klingt.

Nun aber soll auch hierzulande das Window-dressing die Wortgewalt über all die täglichen Verschleierungen und Aufpeppungen, über das Hübschmachen, Aufpolieren und Herausputzen übernehmen. Und ich glaube, seine Chancen stehen gut. Wenn nämlich der Einzelhandel als Indikator der ökonomischen Zuversicht endlich aus dem langen Jammertal gekommen sein sollte, so ist das ja in einem noch ganz unmetaphorischen Sinne auch dem Window-dressing zu verdanken, und das würde, da bin ich überzeugt, jeden noch so strengen Sprachkritiker mit dem Wort versöhnen.

Global Player

Besonders reizvoll finde ich es immer wieder, über Wörter nachzudenken, mit denen man sich schon vollkommen abgefunden hat. Zum Beispiel: *Global Player*.

Nein, das ist nun wirklich nicht originell. So ernst die Warnungen vor den Folgen der Globalisierung unserer (nicht nur) ökonomischen Verhältnisse auch zu nehmen sind, die Globalisierung selbst wird nichts und niemand aufhalten – allenfalls eine große Katastrophe, auf die niemand hoffen darf.

Und um die Globalisierung selbst geht es mir auch gar nicht. Ich frage mich bloß, warum die großen Konzerne, die weltweit expandieren und agieren, eigentlich Global „Player" heißen? Warum ausgerechnet Spieler? Ich habe zwei Antworten darauf parat.

Die erste ist die böse: Tatsächlich war die Sprache mal wieder schlauer als die Sprecher und hat gleich bemerkt, dass die großen Konzerne und Kapitalgesellschaften in Wahrheit nichts als abgefeimte, gerissene und profitsüchtige Zocker sind. Vom Spieler, besser: vom Spielsüchtigen beziehen sie alle ihre negativen Eigenschaften: Egomanie, unsoziales Verhalten, Verschlagenheit, Unaufrichtigkeit, (selbst)zerstörerische Risikobereitschaft, Gewinnversessenheit und so weiter und so weiter. Zudem versuchen alle Spieler, das Spiel, so weit es geht, nach ihren eigenen Regeln zu spielen. Wie nennt das der Spieler Riccaut in Lessings „Minna von Barnhelm": corriger la fortune. Das heißt: Im Grunde seines Herzens ist jeder Spieler ein Falschspieler.

Zum Glück habe ich noch eine zweite Antwort, und die eröffnet für die Zukunft etwas bessere Perspektiven. Denn es könnten die Global Player vielleicht Spieler heißen, weil das Spiel jene Form der menschlichen Betätigung ist, bei der die Teilnehmer zunächst alle ihre individuellen Prägungen hintanstellen, um sich den Regeln des Spiels zu unterwerfen. Wer das nicht tut, ist ein Spielverderber. Gute Spiele kennen, auch wenn Gewinn und Verlust notwendig dazugehören, zumindest an ihrem Anfang nur Gleiche mit gleichen Chancen. Und selbst wer gewinnt, hat dadurch nicht die Lizenz, die Spielregeln zu ändern. Im Gegenteil, der Gewinner muss immer derjenige sein, der die Regeln des Spiels in Zukunft am genauesten einhält, haben sie ihn doch zum Gewinner gemacht.

Nun können wir alle entscheiden: nein, natürlich nicht, wie die Globalisierung sich vollziehen wird – da werden zumindest die meisten von uns nicht aus der Zuschauerperspektive herauskommen. Aber wir können jeden Tag sprechend entscheiden, ob wir das Player so aussprechen, als würden wir gerade das Mensch-ärgere-dich-nicht-Brett für die Kinder aufbauen, oder so, als würden wir, in jedem Ärmel vier falsche Asse, zynisch grinsend die Poker-Karten verteilen.

Der Ton macht die Musik. So wie man ein Musikstück interpretiert, also deutet, wenn man es spielt, so ist das Aussprechen eine Interpretation von Wörtern und Sätzen. Und selbst manch scheußliche Jargonvokabel lässt sich so be-stimmen, also mit Ton versehen, dass sie eine sinnvolle und menschliche Botschaft transportiert.

Schwarzer Freitag

Das kennt doch jeder! Ich glaube, *Schwarzer Freitag* ist eine der bekanntesten Wendungen aus der Wirtschaftssprache. Gemeint ist damit meistens der Tag des New Yorker Börsencrashs von 1929, der freilich in Wahrheit auf einen Donnerstag fiel. Allerdings war es schon seit dem 19. Jahrhundert üblich, Börseneinbrüche als Black Fridays oder Schwarze Freitage zu bezeichnen. Einer von ihnen fand auch in Deutschland statt, als sich im Jahr 1873 die gründerzeitliche deutsche Wirtschaft gründlich verspekuliert hatte.

Allein, die Zeiten ändern sich. Denn seit etwa dreißig Jahren heißt in den USA Black Friday auch der Tag nach Thanksgiving, an dem traditionell ein gewaltiges Shoppen einsetzt, das den Einzelhandel in die schwarzen Zahlen bringt und den Händlern schwarze Finger vom Geldzählen macht. Bis zu diesem Freitag arbeitet man für die Kosten, ab dann wird, mit stierem Blick auf X-mas, der Gewinn eingefahren.

Bis zu dieser Bedeutungserweiterung war Black Friday ein ganz negativ besetzter Begriff, zudem populär genug, um ihn ohne weitere Erklärungen zum Titel eines Popsongs machen zu können. Mitte der Siebzigerjahre begann ein Stück des Duos Steely Dan wie folgt: When Black Friday comes / I'll stand down by the door / And catch all the grey men when they / Dive from the fourteenth floor. Hier fing ein „Catcher in the Rye", nicht spielende Kinder, sondern stürzende Börsenmakler auf.

Doch offenbar hat zumindest das Amerikanische es geschafft, diesen Begriff zu duplizieren: Neben dem Namen der Talfahrt ist er jetzt der des Starts in die schwarzen Zahlen. Vermutlich wird die jüngere Bedeutung allmählich die ältere verdrängen. Und was lehrt das?

Zunächst einmal dies, dass auch Wörter und Wendungen eine Regierungszeit haben, nach deren Ablauf sie für neue Aufgaben zur Verfügung stehen. Das ist gut zu wissen und stets zu erinnern, besonders dann, wenn allzu dünkelhafte Phrasen sich gerieren, als würden sie in alle Ewigkeit so und nicht anders gelten.

Noch erstaunlicher freilich scheint mir, dass es möglich ist, einen so negativen Begriff ins Positive zu wenden. Ist das eine spezifisch amerikanische Fähigkeit? Eine Tugend gar? Wenn ich dagegen an all die Begriffe denke, die sich im Deutschen immer noch in Quarantäne befinden, weil sie einmal vom Nationalsozialismus missbraucht wurden und sich dabei infiziert haben! Manche von denen dürfen vielleicht nie wieder in die Öffentlichkeit, weil man immer noch und mit guten Gründen Ansteckungsgefahr befürchtet. Geschweige denn, dass man ihnen neue Aufgaben übertrüge. Die Amerikaner dagegen – schaffen es sage und schreibe, ausgerechnet einen der schwärzesten Termini aus dem Wirtschaftsleben flugs umzufunktionieren: vom Beelzebub des Börsenkrachs zum Engel der vorweihnachtlichen Gewinnerwartung.

Ich glaube, der aktuelle Sprachunterschied zwischen Schwarzem Freitag und Black Friday enthält auf kleinstem Raum sehr viel von dem, was deutsches und amerikanisches Bewusstsein voneinander unterscheidet. Traditionen zu bewahren, auch und besonders solche der Sprache, ist eine Voraussetzung dafür, dass man aus der (meist schrecklichen) Geschichte lernen kann. Allerdings drückt der Blick zurück aufs Gemüt, vielleicht macht er sogar matt und lahm. Wer sich hingegen leicht von der Geschichte lösen kann, vermag Energien für die Gegenwart freizusetzen. Allerdings riskiert er dabei auch ein Stück seiner Identität.

Was besser ist, was schlechter, will ich nicht entscheiden.

Sale in Germany

Im Januar 2004 sollte der letzte traditionelle Schlussverkauf stattfinden. Es hieß Abschied nehmen von dieser so lieb gewonnenen Tradition unserer Wirtschafts- und Warenwelt. Ab sofort sollten Reduzierungen, Nachlasskampagnen und Halb-, Teil- oder Ganzräumungen ohne festen Zyklus und einzig dann stattfinden, wann es die Händler wollten. Was lag also näher, als der neuen Praxis auch einen neuen Namen zu geben.

Und was für einen Namen? Natürlich einen internationalen. Genauer: den international geläufigsten Namen, gewissermaßen die globale Parole aller Schnäppchenjäger zwischen Oxford Street und Fifth Avenue: *Sale*!

Als Sale plakatierte nach meiner Erinnerung als erste eine namhafte deutsche Kaufhauskette ihre Preisnachlässe. Das Wort Sale las ich daher auf dem Weg vom Eingang zum Regal für „Magic"-Karten im zweiten Stock mindestens 34 Mal von sehr roten Plakaten, Aufstellern etc. – und jedes Mal stand, damit die Lektion auch saß, in eckigen Klammern darunter, was damit gemeint war: reduziert.

Vor solchen Plakaten läuft der Sprachkritiker Gefahr, zum Sprachpfleger alter Schule zu werden, indem er sich über einen weiteren überflüssigen Anglizismus in der deutschen Wirtschafts- und Alltagssprache beschwert. Pfui! Muss denn das sein? Hätte ein „Ausverkauf" es nicht auch getan? Und wie das klingt! „Ich geh' zum ßejl nach Karstadthortenundsoweiter." Furchtbar. Nicht auszudenken, sollte es entsprechende Slogans geben! „Gehn Sie nicht fejl, komm' Sie zum ßejl!"

Aber den Sprachpfleger gilt es hier (wie eigentlich immer) im Zaum zu halten. Wo heute ein deutsches Wort wie Schlussverkauf ausfällt, springt gleich mit der größeren kommunikativen Kompetenz ein englisches, besser: ein globalisierendes

Wort in die Lücke. Das muss man hinnehmen. Ein Land wie Deutschland, das sich seiner Weltmeisterschaft im Warenexport rühmt, sollte nicht gleichzeitig auf seiner sprachlichen Selbstisolierung bestehen. Und da sich für die modifizierten Kauf- und Schnappzeiten wohl kein deutsches Wort hat finden lassen (wollen), muss man mit Respekt das globale begrüßen. Sein ß kennt man schon aus dem ßent, der Rest wird sich einschleifen.

Richtig traurig hingegen war, dass mit dem Wort die Sache schwinden sollte. Der Sommer- und der Winterschlussverkauf (SSV/WSV) waren nun mal die Höhepunkte der altbundesrepublikanischen Konsumfolklore. Wer hat nicht noch die geradezu emblematischen Bilder vor Augen: die Horde der entfesselten Hausfrauen, die den Türhüter am Kaufhaustor überrennt; die erbarmungslose Schlacht am Grabbeltisch; die auf der Straße wartenden und die Tütenberge bewachenden Ehemänner. Das alles sollte nun aufhören. Nicht mehr zyklisch wie die Wanderung der Büffelherden sollte sich die Jagd auf Schnäppchen vollziehen. Stattdessen hatte sich der auf- und abgeklärte Verbraucher ab sofort täglich darüber zu informieren, wo gerade der Abverkauf reduzierter Markenware stattfindet.

Zum Glück kam es dann ganz anders. WSV und SSV blieben uns weitgehend erhalten. Ob das vielleicht am Wort lag? Sale? Wer weiß!

Portfolio

Kennen Sie diese instinktive Abneigung gegen etwas, das allgemein als gut und richtig gilt? Zum Beispiel gegen diese wunderbare Tante Traudel, die jedem wohlgesonnen ist und niemandem etwas zuleide tut, eine gütige und fleißige Person, Gold wert. Und dennoch hält man es in ihrer Umgebung keine fünf Minuten aus, dauernd hat man ein freches Widerwort auf der Zunge, und heimlich unterstellt man ihr die schrecklichsten Laster.

Mir geht es ähnlich mit dem Wort *Portfolio*. Es ist ein so schönes und nützliches Wort, dass mir eigentlich die Hand abfaulen sollte, mit der ich es überall löschen oder wegradieren möchte. Nicht einmal der Hinweis, Portfolio habe nicht nur viele wichtige Bedeutungen in der Wirtschafts- und Finanzwelt, sondern sei auch ein anderer Ausdruck für die berühmte Mappe, in der Künstler ihre wichtigsten Arbeiten sammeln – also nicht einmal der Hinweis, dass ich meine eigene Festplatte rechtens mein Portfolio nennen könnte, vermag meine Abneigung zu lindern.

Dabei habe ich alles versucht. Schau, habe ich mir gesagt, das ist doch schön, dass zwischen den vielen englischen Fachausdrücken auch einer ist, der aus dem Italienischen oder vielleicht sogar direkt aus dem Lateinischen stammt. Das klingt doch gleich viel mediterraner, viel leichter und schwebender als zum Beispiel Window-dressing oder Corporate Identity. Doch statt es in Rom wie die Römer zu tun, gifte ich diesem Wort weiter hinterher.

Schließlich habe ich mir gedacht: Es liegt am Ende gar nicht an dem Wort selbst. Sondern an manchen Leuten, die ich es aussprechen höre. Und der momentane Stand meiner Überlegungen ist der, dass ich gar nicht das Wort verabscheue, sondern vielmehr die Attitüde, mit der es oft genug verwendet wird. Es gefällt mir einfach die Haltung nicht, mit der die Dreh- und Frästeile eines feinmechanischen Betriebs, das Backwarensortiment eines Großbäckers und die Wertpapiersammlung eines Fondsmanagers unisono als Portfolio daherkommen. Es missfällt mir dieses Gerede, das sich wie eine dünne, aber undurchsichtige Glanzfolie über die vielen Dinge legt, in denen doch ein so enormes Maß an Findigkeit, Energie, Geschmack und Fleiß akkumuliert ist und die es wert wären, sichtbar und hörbar zu bleiben.

Ich glaube, Portfolio ist ein Leit- und Zauberwort aus der Phase der virtuellen Ökonomie, von deren bösem Ende sich der Dax nur so langsam erholte. Portfolie war eines dieser Zauberwörter, durch die man selbst der gröbsten Arbeit sperrigste Produkte derart benennen konnte, dass es schien, als ließen sie sich durch ein Glasfaserkabel in Sekundenschnelle global vertreiben. Im Portfolio verschwand dieser unangenehme Beigeschmack von Mühe und Schweiß, der den Produkten anhaftete. Das Portfolio verwandelte die Erzeugnisse der alten flugs in die der neuen Wirtschaft. Und wer nicht auf Dotcom umsatteln und Metallverarbeiter oder Bäcker bleiben wollte oder musste, konnte sich, indem er seine Erzeugnisse ins Portfolio trieb, wenigstens an die Avantgarde der Ökonomie heransprechen.

Nun ist die New-Economy-Blase längst geplatzt. Und sollte vielleicht irgendeiner der Immer-noch-Benutzer von Portfolio ein schlechtes Gefühl haben, wenn ihm das Wort über die Zunge geht, so habe ich ein kleines Heilmittel dagegen. Erinnert sich vielleicht noch jemand an das schöne Wort Produktpalette? Das hatte doch auch schon etwas Spielerisches, wenn nicht gar Künstlerisches, sofern mit der Palette nicht die für den Gabelstapler, sondern die des Malers gemeint war. Vielleicht versucht man es einmal wieder mit der Produktpalette als Zauberwort. Das hätte immerhin den Charme des alten Wirtschaftswunders und könnte vielleicht auch ein neues befördern.

Einpflegen

Ich weiß. Man muss kein erzkonservativer, schaurig volks-
tümelnder und überhaupt komplett zugenagelter Charakter
sein, um angesichts (besser: angehörs) der Flut angelsächsi-
scher Worte und Wendungen in der deutschen Alltagssprache
ein ganz klein wenig zu verzweifeln. Denn schön ist das nicht:
Servicepoint für Schalter, Clearing für Problemlösung und Corporate Identity für verbindliche Briefkopfgestaltung.

Die Klagen über die Fremdbestimmung des Deutschen haben übrigens eine lange Tradition. Doch an den jeweiligen Ver-
besserungsvorschlägen kann man oftmals erkennen, dass die
Kritiker leicht übers Ziel hinausschossen oder sogar einen Zug
ins Verquere hatten. So schlug vor 350 Jahren der Dichter und
Sprachphilosoph Philipp von Zesen vor, man solle doch das aus
dem Lateinischen stammende Wort Nase durch das schöne
deutsche Wort Gesichtserker ersetzen. Ein mutiger Vorschlag.
Eigentlich schade, dass die Deutschen dann doch beschlossen,
weiterhin durchs Lateinische zu atmen.

Aber es geht auch anders. Denn jetzt haben wir *einpflegen*.
Super. Prima. Ich bin begeistert. Denn einpflegen heißt: Wir
haben ein leuchtendes Beispiel dafür, wie man es machen
kann. Wie man einen durch importierte Technik initiierten
grundinnovativen Vorgang, für den es in unserer immer so armen und traurig dem Weltgeist hinterherhinkenden Sprache
kein richtiges Wort gibt, mit einem solchen, sprich: einem
deutschen!, belegen kann.

Wie bitte? Sie wissen gar nicht, was einpflegen bedeutet? Nun
kommen Sie, keine Fisimatenten, bitte! Aber ich erkläre es natürlich gerne. Wenn einer dem Webmaster einer Website neue Files
oder Pics mailt, dann wird derselbige sie umgehend einpflegen.
Das heißt, er tut sie irgendwie in so ein Programm rein, und

dann erscheinen sie irgendwie auf dieser Seite, und man kann sie lesen oder anschauen. (Weiß ja im Grunde keiner, wie so etwas funktioniert.) Jedenfalls sind die Sachen dann eingepflegt.

Im Ernst, ich bin sehr glücklich über dieses Wort. Und nicht nur, weil es deutsch ist. Nein, auch weil es so viel sagt! Weil es zu mir spricht und mir dabei ganze Geschichten erzählt. Wenn ich es höre, dann sehe ich gleich alles. Ich sehe, wie hier nicht nur Daten peng-klatsch ins Netz gepfeffert, sondern pfleglich eingeführt werden, also eben eingepflegt. Ich sehe sogar den nebenamtlichen Netzmeister ganz lebendig vor mir, wie er abends zu seiner Lebensabschnittsgefährtin sagt (nachdem sie das zweite Kind aus ihrer vormaligen Flickwerk-Familie von der Kindertagesstätte abgeholt hat): „Hi Darling (Hallo Liebling)! Ich gehe nur kurz an meine Werkstation, fahre das Notizbuch hoch und pflege ein paar Daten ein."

Worauf sie zu ihm sagt: „Dann vergiss dabei bitte nicht, auch den ganzen eitlen Selbstdarstellungs-Datenmüll von Schneiderei & Co. einzupflegen."

Oder ich sehe Tim, der zu Sven sagt: „Äh, stellt euch vor, ich pfleg' grade so ein Pic von dieser (Ausdruck von der Zensur gestrichen) ein, wer steht da in der Tür? Meine Mutter! Kreisch!"

Sehr schön! Ich bin ganz stolz auf unser betuliches Deutsch, weil es also doch imstande ist, sich seinen eigenen Reim auf die modernen Zeiten zu machen. Am liebsten würde ich ihm dabei zur Hand, pardon, zur Zunge gehen – denn immerhin ist das Wortfeld pflegen ja noch weitgehend unbeackert.

Möglich wäre zum Beispiel noch: anpflegen – für die behutsame Ergänzung von Daten (statt dranklatschen). Oder im Gegenteil: abpflegen – für eine vorsichtige Reduzierung (alternativ dazu: wegpflegen). Und schließlich mein Liebling: auspflegen – für die komplette Tilgung alles überflüssigen Materials aus dem Netz sowie aus dem Bewusstsein. Quasi als die virtuelle Form von: ausfegen.

Genießen

Seit 1991 wählt eine unabhängige Jury jährlich das Unwort des Jahres. Das sind „Wörter und Formulierungen aus der öffentlichen Sprache, die sachlich grob unangemessen sind und möglicherweise sogar die Menschenwürde verletzen". Die gewählten Unwörter finden anschließend entweder einhellige und lautstarke Zustimmung (also Ablehnung) – wie etwa im Jahr 1999 der verhatschte NATO-Euphemismus Kollateralschaden für die unabsichtliche Tötung von Zivilisten. Oder es gibt einen großen Aufstand wie 2003, als das Wort Tätervolk gewählt wurde und der Politiker, der es ausgesprochen hatte, lange und vergeblich zu beweisen versuchte, er selbst habe das Wort bereits als Unwort gebraucht.

Nun finde ich eine solche Unwortwahl im Grunde ganz gut und richtig; nur bin ich leider oft sehr unzufrieden mit der Auswahl der Jury gewesen. Ich halte es nämlich für einen Fall von Schafsfrömmigkeit, wenn Unwörter gekürt werden, deren Un- schon auf tausend Schritte Entfernung auszumachen ist. Kollateralschaden, ethnische Säuberung, Ich-AG und Rentnerschwemme – das sind doch Wort-Teufel mit übergroßen Hörnern und Pferdefüßen und einem Schild um den Hals, auf dem deutlich lesbar steht: Ich stinke!

Ich will nicht auf die Jury schimpfen. Mit den besten Absichten stellt sie das anerkannt und hauptberuflich Böse aufs Treppchen bzw. an den Pranger. Wir Sprachbenutzer halten dann kurz in unserem gedankenlosen Gerede inne, stehen davor und schütteln fassungslos ergrimmt das Haupt. Und schwören, die betreffenden Wörter fortan mit Nichtgebrauch und Verachtung zu strafen. Prima!

Aber ich fürchte, mit solch mehrheitsfähigen Bannsprüchen gibt die Jury ungewollt die Einreiseerlaubnis für ein In-

vasionsheer ungleich besser getarnter und aggressiverer Unwörter.

Mein Lieblingsbeispiel lautet: *genießen*. Dessen Guerilla-
karriere begann als Text für Schauspieler beim begeisterten
Verzehr von Fertiggerichten in der Werbung. Vielleicht hat
mancher darüber noch gelacht. Aber klammheimlich und hin-
terhältig hat genießen in der Folgezeit das solide essen weitgehend verdrängt, wenn nicht gar gemordet. Das Genießen regiert mittlerweile den öffentlichen Sprachgebrauch, und
schleichend unterwandert es das private Gerede. Demnächst
schon werde ich dieses wahre Unwort aus mir sprechen hören,
wenn ich meinen Kindern nahelege, ihren Spinat zu genießen,
bevor er kalt ist! Essen wird dann nur noch in dem Tonfall gebraucht werden, in dem bislang Magen- und Darmspezialisten
von Nahrungsaufnahme sprachen. Und prompt wird niemand
mehr dankbar dafür sein können, dass er etwas zu essen hat,
denn es muss ja mindestens etwas zum Genießen sein.

Zum Unwort des Jahres freilich wird genießen nie gewählt
werden – so wenig wie Hunderte seiner heimlichen Verbünde-
ten. Die korrumpieren ganz diskret das Denken und über das
Denken das Tun. Tausendfach durch Spots und Clips in die
Welt gesetzt, bewegen sie sich in aller Munde wie der Fisch im
Wasser. Sie wachsen und vermehren sich, egal, ob wir sie ange-
widert ausspucken oder unversehens runterschlucken. Und
stellte sie doch einmal einer zur Rede, dann würden sie ganz
harmlos tun. „Wir doch nicht!", würden sie rufen. „Der da ist's
gewesen!" Und mit spitzen Fingern würden sie auf das Unwort
des Jahres als die offiziell gekürte und kollektiv abgenickte In-
karnation des Bösen zeigen.

Mit anderen Worten: auf einen Papiertiger.

Sparen

Wahrscheinlich wird es mir ja nie gelingen, *genießen* zum Unwort des Jahres wählen zu lassen – aber ich habe noch einen zweiten Kandidaten, der vielleicht etwas größere Chancen hat. Er lautet schlicht: *sparen!*

Nun bin ich natürlich nicht gegen den haushälterischen und sorgfältigen Umgang mit geldlichen und anderen Ressourcen. Aber die inflationäre Verwendung des Wortes, besonders in der zum Konsum stimulierenden Suada der Werbung, macht mich allmählich verrückt.

Und verrückt ist genau das richtige Wort. Denn hier wird ein Wort nicht bloß überstrapaziert, es wird auch sein Wortsinn verrückt. Sparen war einmal das Wort für das Unterdrücken, zumindest aber für das Aufschieben von Konsum. Man sparte etwa an seinen Wintervorräten, indem man einfach weniger davon aß. Im Englischen heißt to spare noch immer schonen, also nicht konsumieren (und consumere heißt vernichten). Seit geraumer Zeit aber unterstellt die Werbung (und nicht nur die), dass das Sparen auch funktioniert, indem ich mir nicht etwa nichts, sondern vielmehr etwas kaufe! Natürlich zu einem Sparpreis.

Das klingt genial. Denn ich habe dann beides: etwas und etwas gespart. Nach dieser Logik kann ich mich sogar reich sparen, nämlich durch den hemmungslosen Konsum sogenannter Schnäppchen, bei deren Erwerb ich allmählich so viel spare, dass ich am Ende meiner Einkaufstour mehr Geld gespart als ausgegeben habe und also nicht nur königlich mit Dingen ausgestattet, sondern auch noch viel reicher bin als zuvor.

Ich weiß, kein Mensch glaubt wirklich, das könnte funktionieren. Das ist halt Werbung und die will verkaufen und deshalb übertreibt sie und gelegentlich lügt sie auch. Klappern gehört zum Handwerk. Ist doch nicht so schlimm. Oder?

Ich bin mir da mittlerweile nicht mehr so sicher. Was hört man, wenn man die Menschen um sich herum (oder sich selbst) belauscht? Wie viele sagen nicht schon entsorgen, wenn sie etwas wegwerfen? Und wie viel sorgloser wirken sie dabei! „Ich habe mein Schulbrot weggeworfen": Das ist ein Frevel. Aber „Ich habe mein Schulbrot entsorgt": Das ist eine ökologisch gebotene Maßnahme.

Und ich fürchte, mit dem Sparen wird es ähnlich sein. Sparen ist auf dem Weg, ein Wort aus George Orwells „Neusprech" zu werden, Bestandteil eines Jargons, der über das Reden allmählich das Denken steuert. So etwas funktioniert nicht nur in pessimistischen Utopien. Wir sagen genießen, wenn wir ein Fertiggericht konsumieren, und erheben so die fade Tütensuppe in den Rang einer Köstlichkeit. Ebenso werden wir demnächst gar nicht mehr kaufen, sondern gleich sparen sagen und dann bei jedem Geldausgeben nicht mehr die verlorene Summe ins Minus, sondern die gesparte ins Plus setzen.

Und irgendwann einmal wird die Sache, verrückt wie sie jetzt schon ist, gänzlich kippen; und dann wird ein kleines Werbemodewort unser ökonomisches Gefüge bedrohen. Denn aller Sparwahn beruht ja auf der Vorstellung von einem regulären Preis, der eigentlich zu zahlen wäre. Wenn aber keiner mehr die eigentlichen Preise zahlt – was und wem gegenüber ist dann noch gespart? Antwort: nichts und keinem gegenüber. Es wird schließlich jede Ware schon ab Werk als Schnäppchen zum Tiefstpreis ausgeliefert werden; die sogenannten regulären Preise werden schließlich vollkommen virtuell sein, nicht das Produkt einer sinnvollen Kalkulation, sondern vermutlich ausgewürfelt und mit 100 multipliziert.

So wird aus dem Markt ein Flohmarkt. Auf dem Flohmarkt aber trennen sich oft genug nach dem Geschäft Käufer und Verkäufer und lachen sich beide ins Fäustchen, weil jeder glaubt, den anderen übervorteilt zu haben. Das geht, einmal im Monat, vielleicht noch gut aus. Auf dem Flohmarkt ist es ja auch nur ein Spiel. Als Muster für das Funktionieren unserer über alles geliebten Marktwirtschaft aber ist es eine Katastrophe.

Spannend

Unter meinen vielen aussichtslosen Vorschlägen zum Unwort des Jahres dürfte der aussichtsloseste dieser sein: *spannend*. Ich sehe die Jury schon die Köpfe schütteln. Harmloser geht's wohl wirklich nicht?

Tatsächlich steckt hinter dem aktuellen Gebrauch von spannend kein Angriff auf die Menschenwürde und keine Diskriminierung von Minderheiten. Spannend sagt man heute bloß, wie und wo man früher interessant gesagt hätte. Eine spannende Entwicklung am Aktienmarkt, eine spannende Performance (in der Kunst oder in der Wirtschaft), ein spannendes Projekt, eine spannende Innovation. Das ist doch wirklich harmlos.

Nein, ist es nicht! Der Umstand, dass heute alles Mögliche spannend ist (man höre nur einmal hin!), hat vielmehr Gründe, die tief ins Bewusstsein unserer Gegenwart reichen und dort an die großen Ängste und Erwartungen rühren.

Einerseits ist da die grauenhafte Angst aller Macher, Erfinder und Verkäufer vor der Bestie Publikum. Die Leute wollen ja nichts mehr gucken und nichts mehr wissen, und vor allem: sie wollen nichts mehr kaufen. Die Konsumenten sind kritisch, verwöhnt, zögerlich und gehemmt. Daher müssen die Anbieter zu Versprechungen greifen, die auf möglichst alle Sinne zielen. Und so wird alles spannend: ein Einkaufsgang ebenso wie die Benutzung eines Konsumartikels, ein Weekend-Trip oder eine mittelfristige Investition. Denn was spannend ist, ist gewissermaßen krimi- und damit per se unterhaltungsförmig.

Aber Krimis können auch schlecht ausgehen. Genau wie Aktienkäufe und überhaupt sehr viele Unternehmungen in Zeiten unsicherer Konjunktur. Die Möglichkeit, „keine Experimente" zu machen, besteht gar nicht mehr. Alles ist change, folglich ist vieles Experiment, und auf glückliche Ausgänge können wir nicht mehr so vertrauen wie die ersten Nachkriegsgenerationen. Folglich stimmt derjenige, der etwas spannend nennt, alle Beteiligten auf die Möglichkeit des Scheiterns ein – und ermuntert sie zugleich, den ungewissen Ausgang nicht bloß als Horror, sondern auch als stimulierendes oder wenigstens als unterhaltendes Moment zu begreifen.

Aber warum will ich spannend dann als Unwort einreichen? Es ist doch offenbar ein Modewort, in dem sich die Unsicherheit der Gegenwart ganz richtig spiegelt.

Ja, das mag sein. Aber es missfällt mir, wenn als Reflex auf eine allgemeine Unsicherheit alles spannend genannt wird. Es missfällt mir, wenn man der eigenen Unfähigkeit, zu wissen, wie es weitergeht, wenigstens noch etwas Entertainment abringen will. Für mich bleibt spannend ein Unwort: eine Beruhigungsvokabel, ein Wort als Schmerzmittel mit belebenden Substanzen. Solche Medikamente werden gern genommen. Aber sie kurieren nur ein paar Symptome. Und auf lange Sicht hin sind sie außerordentlich schädlich.

Humankapital

Manchmal werden auch Nörgler positiv überrascht. So wie ich, als *Humankapital* zum Unwort des Jahres 2004 gekürt wurde. Die Jury hatte sich nicht beirren lassen und keines der Wörter gewählt, deren demagogischer Zweck ganz offensichtlich ist. Ja sie hatte sich sogar gegen eine Mehrheit der eingegangenen Vorschläge gestellt, nach der Hartz IV Unwort des Jahres werden sollte. Hartz IV aber ist bloß eine denkbar unglückliche Bezeichnung für ein Gesetz, kein Unwort.

Wohingegen Humankapital tatsächlich eines und zudem ein würdiges ist. Nicht nur, weil in diesem Fachbegriff aus der Wirtschaftssprache Arbeitskräfte, also Menschen, auf einen Faktor der Kapitalwirtschaft heruntergeredet werden. Solche Unfeinheiten und politischen Inkorrektheiten kommen in Fachsprachen immer wieder vor. Da heißt zum Beispiel die Widersacherin der Schraube Mutter, während man auf Segelschiffen die Vorrichtungen zum Spannen schwerer Taue Jungfern nennt. Aber damit kann man, wenn man nicht gerade Vertreter eines radikalen Feminismus ist, einigermaßen leben. Fachbegriffe sind wie manche Tierarten: unangenehm, vielleicht sogar gefährlich, aber unproblematisch, solange sie in ihren Territorien bleiben und nicht unkontrolliert herumwildern.

Humankapital aber ist insbesondere deshalb ein Unwort, weil es in den letzten Jahren, wie die Jury ganz richtig sagte, ein Stück Fachsprachenbrutalität ins allgemeine Sprechen gemogelt hat. Wenn Fachleute vor Fachleuten von Humankapital reden – na ja, wenn es der Steigerung des „Ertragswinkels" dient, kann man vielleicht ein Ohr zukneifen. Aber wenn Hinz und Kunz – also: Sie und ich! – öffentlich und unbeschwert von Humankapital reden und dabei vergessen und vergessen machen, dass Menschen gemeint sind, dann beginnt die Verwahrlosung der Sprache und mit ihr eine Verwahrlosung des Denkens.

Ich will hier niemandem unterstellen, er habe den Begriff Humankapital vorsätzlich geprägt, um Menschen zu degradieren. Tatsächlich fällt ja ein Satz wie „Unsere Mitarbeiter sind unser größtes Kapital" meistens in der allerbesten Absicht. Aber solche Absichten gehen im Gebrauch von Begriffen mit spitzen Ellenbogen wie Humankapital leicht verloren. Was man wieder und wieder so nennt, das wächst, ob es will oder nicht, in seinen Namen hinein. Aus Menschen wird dann wirklich Kapital.

Habseligkeiten

Vor ein paar Jahren beschloss der Deutsche Sprachrat, das schönste Wort unserer Muttersprache wählen zu lassen. Er initiierte dazu ein aufwändiges Vorschlagsverfahren und installierte eine Jury; die Siegerehrung wurde im Fernsehen übertragen. Es war also jedem Satiriker ein Leichtes, Spott und Hohn über der Aktion auszugießen. Wieder so ein unsinniges Ranking, wieder so ein Unsinn à la „Deutschland sucht das Superwort", wieder Lorbeerkränze für Selbstverständliches oder sogar Peinliches?

Aber wer als Sprachhüter gleich alle wegjagt, die sich auch ein bisschen um den Wort-Schatz kümmern wollen, der ähnelt schnell dem durchgedrehten Tierwärter, der als Einziger zu wissen glaubt, wie man sein Gnu richtig striegelt.

Also Schwamm über das mediengerechte Getue und stattdessen ein bisschen Freude über zwanzigtausend Menschen, die aus aller Welt ihre Vorschläge für das schönste Wort gemacht und sogar begründet haben. Respekt vor all denen, die im Zuge dieser Aktion gesagt haben, dass es für sie unter den Tausenden von Wörtern, die wir meistens gedankenlos und oft schlechter als Fußmatten behandeln, besondere Lieblinge gibt. Lieblinge wie Geborgenheit oder Augenblick, die auf vorderen Plätzen landeten.

Ich selbst war sogar mit der Auswahl des allerschönsten Wortes *Habseligkeiten* recht einverstanden. Allerdings – aus etwas anderen Gründen als die Jury, die eine ursprüngliche Verbindung von bescheidener Habe und Seligkeit auszeichnen wollte. Tatsächlich hat nämlich sprachgeschichtlich betrachtet das selig in Habseligkeiten nichts mit der Seligkeit zu tun, die wir aus seligen Augenblicken kennen. Alle meine Wörterbücher sagen mir hingegen übereinstimmend, dass jenes selig sich aus der Endung sal entwickelt habe, die es in Mühsal, Labsal und Trübsal noch gibt. Wohl erst gegen Ende des 17. Jahrhunderts, als patriotische Philosophen und Sprachpfleger das gegenüber dem Französisch so arme und unelegante Deutsche ein wenig gelenkiger und gewitzter machen wollten, ist das sal zu selig und damit von einer bedeutungsarmen Endsilbe zu einem so schweren und doch auch wieder leichten Wortbestandteil geworden.

Ich will allerdings nicht den Oberlehrer spielen und der Jury des Deutschen Sprachrats einen Fehler anstreichen. Denn ist es nicht auch schön und preisenswert, dass eine Sprachgemeinschaft ihre Wünsche und Sehnsüchte sogar in eine dumme, kleine Endsilbe schmuggeln kann! Die alten Germanen und die Quasi-Deutschen des Mittelalters kannten noch kein Wort für die Vorstellung, mit ein bisschen Habe selig zu werden. Wahrscheinlich ging es ihnen viel zu schlecht oder waren sie nicht sentimental oder asketisch genug, um so etwas überhaupt denken zu können. Erst viel später, als Luther das Deutsche hoffähig gemacht hatte und andere Autoren es philosophie-tauglich machen wollten, entstand mit Habseligkeiten ein Wort, das gewissermaßen Glanz und Elend des Besitzes mit weiten Armen umfasst.

Die Habseligkeiten, damit meinen wir seitdem zum Beispiel die wenigen Sachen, die Millionen Flüchtlinge auf dieser Welt bei sich tragen, in der Hoffnung, damit anderswo ein menschenwürdiges Leben beginnen zu können. Habseligkeiten sind aber auch die Dinge in Schuhkartons, mit denen kleine Mädchen und Jungen sich ihre ganz eigene und reichhaltige Welt einrichten. Niemals hingegen wird man eine Luxuslimousine oder eine Designerleuchte als Habseligkeit bezeichnen können.

In Habseligkeiten steckt so etwas wie das Ideal der vollkommenen Genügsamkeit, der Zufriedenheit mit dem Wenigen, mit dem Schlichten. Es steckt darin auch die Hoffnung, dass manche Dinge mehr sein können als nützlich oder dienlich. Ich rege daher an: Fragen Sie sich doch beim nächsten Gang durch ein Warenhaus, welche der Dinge dort wohl imstande sein könnten, einmal Habseligkeiten zu werden. Und dann fragen Sie es sich in Ihren eigenen Räumen.

Suboptimal proaktiv

Wer sagt, das Lateinische sei eine tote Sprache, der irrt auf vielfältige Weise. Bis ins 19. Jahrhundert blieb es die Lingua franca der gebildeten Welt. Und bis heute sind nicht nur die Vorträge der Gelehrten gespickt mit lateinischen Fachausdrücken, dieselbe alte Sprache spendet auch stündlich Material für die Namengebung bei wissenschaftlichen Neuentdeckungen oder Erfindungen.

Und dann gab und gibt es das Kirchenlatein, bis heute die offizielle Sprache der katholischen Kirche, erst vor wenigen Jahrzehnten durch ein Konzil aus den alltäglichen Gottesdiensten vertrieben. Bis dahin partizipierten viele Generationen an einem lateinischen Basiswortschatz. „Dominus vobiscum." Was sagt man da? Richtig, einige wissen es noch: „Et cum spiritu tuo."

Und schließlich gab es das sogenannte Küchenlatein, das auch vom klösterlichen Hilfspersonal verstanden wurde und das sich zum Kirchenlatein verhielt wie ein Tresengespräch zur Jahrestagung der Deutschen Akademie für Sprache und Dichtung. Allerdings war das Küchenlatein auch eine ziemlich lebendige und das heißt paarungsbereite Sprache, die gerne alles vereinnahmte oder miteinander mischte.

Und nun sage ich: Das Küchenlatein ist springlebendig, dieser herzerfrischend freie und vollblütige Umgang mit dem althergebrachten Sprachmaterial, dieses teils neckische, teils tückische Reißen, Rucken und Zerren an den honorigen Vokabeln. Man sollte es nur nicht Küchenlatein nennen, weil es weniger in Küchen und mehr auf dem Markt gesprochen wird. Ich nenne es daher lieber: Marketinglatein.

Beispiele gefällig? Gerne. Nehmen wir doch *proaktiv*. Aktiv ist schon prima, pro ist auch total positiv, also ist proaktiv beides zur Potenz und außerdem eine topmodische Analogiebildung zu reaktiv, wenngleich ex negativo. Oder so. Ich vermute, proaktive Menschen bersten geradezu vor Aktivität. Wenn sie zum Beispiel eine Viertelstunde still sitzen müssen, ohne sich dabei eine neue Marketingstrategie für die Vermittlung eines proaktiven Aknemittels an proaktive, aber schlimm verpickelte Jugendliche ausdenken zu dürfen, kippen sie wahrscheinlich tot um.

Leider höre ich, der ich neun Jahre lang bloß Schullatein gelernt habe, bei proaktiv weniger das Aktive selbst und mehr das ziemlich lahme Bekenntnis, man sei fürs Aktive. So wie man, wenn man pro domo spricht, fürs eigene Haus redet, ohne selbiges damit schon gerettet, geschweige denn vergoldet zu haben. Aber was Leute, die Latein auf der Schule hatten, bei proaktiv denken, kann den proaktiven Marketingstrategen mit gutem Recht schnurzpiepegal sein. Lateinschüler gibt es nämlich nicht mehr so viele – und die wenigen sind alles Mögliche, bloß eines sicher nicht: proaktiv.

Mein zweites Beispiel lautet *suboptimal*. Das ist auch so ein reizendes Kompilinchen neuester Prägung. Aber ich muss es gleich vorwegschicken – ich mag es. Wörtlich übersetzt heißt es wohl: unterhalb des Bestmöglichen. Gemeint ist allerdings in den meisten Fällen: voll daneben, total vergeigt, tote Hose et cetera.

Und das finde ich schön. Wie das liebe, alte Latein uns dabei hilft, eine Grundbefindlichkeit unseres Wirtschafts- und sonstigen Lebens recht vornehm und gesittet auszudrücken. Bekanntlich geht es uns ja auf hohem Niveau beschissen. Aber das sagt man so nicht gerne, und ich muss fürchten, dass mir der Lektor zu einer anderen Formulierung raten wird. Suboptimal hingegen gibt der mitteleuropäischen Unzufriedenheit das Geziemende und Gebührliche, das ihr gut zu Gesicht steht, wenn sie neben die Verzweiflung jenes Drittels der Weltbevölkerung tritt, deren größtes Problem der Hunger ist. Suboptimal ist albernes Küchenlatein, aber es passt genau. Wie die Faust aufs Auge.

Implementieren

Zum modernen Küchenlatein gehört auch *implementieren*. Ein schönes, wenngleich schwieriges Wort: Ich habe schon ziemlich viele Verwender sich dabei ein Stück ihrer Zunge abbeißen sehen bzw. hören. Aber Karrieristen gehen bekanntlich über Leichen, und das gilt auch für Modewörter im Vokabelaufschwung.

Implementieren hat eine besonders steile Karriere gemacht. Ein Fremdsprachen-Duden aus dem Jahr 1971 kennt nur das Implement als Ergänzung oder als Erfüllung (eines Vertrags). Doch das war vor Beginn des digitalen Zeitalters, in dem das Implementieren zum EDV-Terminus für das „Überführen des entwickelten Programmentwurfes durch Codieren und/oder den Einsatz von Werkzeugen (Tools) in ein ablauffähiges Programm sowie das anschließende Bereinigen von syntaktischen Fehlern" wurde.

Später hat sich implementieren in einem zweiten metaphorischen Sprung aus dem engen Bereich der EDV-Fachsprache befreit und ist mitten im satten Tagesleben, pardon: Tagesreden gelandet. Wo jetzt aber auch wirklich jeder, Sie und ich eingeschlossen, zumindest permanent versucht ist, irgendeinen Vorgang als Implementierung zu bezeichnen, obwohl man ihn nun wirklich genauso gut Einführung, Umsetzung oder, wenn's denn nun unbedingt lateinisch sein muss, Realisierung nennen könnte. Stattdessen Implementierung, auch wenn das Bisswunden in der Zunge gibt.

Und warum? Vielleicht liegt es am Klang. Der Ton macht bekanntlich die Musik. Auf den Ton kommt es auch in Wirtschaftsgesprächen oft mehr an als auf den Inhalt. Und da profitiert implementieren womöglich von seiner Klangnähe zu komplimentieren. Bei der praktischen Umsetzung von abstrakten Entschlüssen muss ja meistens enormer rednerischer und gestischer Aufwand geleistet werden, um alle Betroffenen vom Sinn der jeweiligen Maßnahmen zu überzeugen. Gut, wenn da immer das Kompliment für die geschätzten Mitarbeiter mitschwingt, weil sie den Implementierungsvorgang dermaßen „proaktiv" angegangen sind.

Allerdings hat jeder Klang seine zwei Saiten: So hat implementieren auch eine bedenkliche Nähe zu implantieren. Und darin scheint sich mir eine unterschwellige Angst der Implementier-Verwender vor dem Scheitern ihres eigenen Tuns auszudrücken. Denn aus der Verpflanzungsmedizin wissen wir, dass in den meisten Fällen nicht das Funktionieren des Implantats das größte Problem ist, sondern seine Akzeptanz im Restkörper.

Und ähnlich ist es doch beim Implementieren neuer Strukturen in Produktion und Verwaltung! Die Idee ist wunderbar, sie hat in jeder Computersimulation einwandfrei funktioniert – aber der dumme Mitarbeiterorganismus stößt sie trotzdem ab, weil er sie als Fremdkörper identifiziert. Folglich bleiben die Ergebnisse leider „suboptimal". Und da diese Angst heutzutage alle Erneuerer, Reformer und Revolutionäre umtreibt, hängen sie, dessen bin ich mir allmählich ganz sicher, in einer leicht masochistischen Liebe an dem Wort implementieren.

Minus

Viele Menschen glauben, dass Schiffe in Seenot die Buchstaben SOS funken, weil das für „Save our souls" stehe. Falsch. Tatsächlich wünschen sich die vom Schiffbruch Betroffenen ja in aller Regel, dass nicht nur ihre Seelen, sondern auch ihre Körper gerettet werden. Und deshalb funkt man SOS, weil das kurz kurz kurz, lang lang lang, kurz kurz kurz und also ziemlich einfach geht und kaum missverstanden werden kann.

Aus einem wenngleich weniger existenziellen, so doch ähnlichen Grund begegnet es mir nun wahrscheinlich immer häufiger, dass Menschen den Bindestrich in E-Mail- und Web-Adressen nicht Bindestrich nennen, sondern *minus*. Das ist vermutlich der Globalisierung geschuldet. Strindebich, pardon Bindestrich ist schon für viele Deutsche ein schwer auszusprechendes Wort; für Nicht-Deutsche ist es wohl eher das Geräusch einer akuten Nebenhöhlenirritation. Und außerdem weiß ja keiner, wie ein Bindestrich aussieht. Liegt er auf mittlerer Höhe? Ist er eher länger oder eher kürzer? Oder sieht er sogar so aus: _?

In einer E-Mail-Adresse aber kommt es auf jeden Buchstaben an, weil es bei keinem Server oder Browser eine Ermittlungsstelle gibt, die aus „F. Meyer, Wallstraße 77" ein „E. Maier, Waldstraße 11" macht. Und daher sorgt minus in der gesprochenen Übermittlung digitaler Adressen für die Reduzierung unangenehmer Fehlerquellen.

So weit, so gut. Aber auf der anderen Seite der Optimierung von Alltagskommunikation liegt der Tort, der mit solchem Reden einem sprachbewussten und vielleicht auch fantasiebegabten Menschen angetan wird. Denn selbiger (den ich jetzt mime) hört in minus leider immer noch das alte Zeichen der Subtraktion. Also höre ich zum Beispiel:

„Max minus Meier äddsoweiter". Kommt häufig so oder ähnlich vor. Abertausende Menschen sind jetzt quasi gezwungen, sich selbst zu präsentieren, indem sie das Familiäre vom Individuellen abziehen. Die gelegentliche Abwesenheit von Verwandtschaft kann nun sicher mancher gut ertragen. Die Frage ist aber, was bleibt, wenn vom Max alles Meierische subtrahiert ist. Ich fürchte, in vielen Fällen nur sehr wenig.

Oder: „Neustädter minus Zeitung dottkomm". Das ist besonders schlimm. Denn was bleibt schon von einer Stadt- oder anderen Gesellschaft, die sich doch wesentlich durch den Lokalteil ihres jeweiligen Generalanzeigers definiert, wenn man eben dieses Definitionsorgan von ihr abzieht? Ich fürchte, eine amorphe und frustrierte Masse.

Oder: „Universität minus Stadt dottkomm". Auch sehr peinlich, dauernd zugeben zu müssen, dass das Leben sich unmittelbar subtrahierend (also negativ) auf das Studium auswirkt. Wo man sich doch das Gegenteil so sehr wünschte. Non scholae, sed vitae und so weiter.

Und schließlich das Schlimmste, das ich jetzt gar nicht als Abstraktum konstruieren muss, weil es im realen Leben exakt so existiert: „Deutsche minus Bank".

Hier erschüttern mich beim Zuhören gleich zwei Bilder, die einander in ihrer Schrecklichkeit zu überbieten suchen. Das erste Bild zeigt uns alle nach Abzug der Kreditinstitute an die Themse oder den Hudson! Deutsche minus Bank. Verwaist und gähnend leer der Bankenstandort Deutschland. Die Türme in Frankfurt nur noch genutzt von China-Restaurants und Sonnenstudios. Alles Geld woanders, weggekauft durch noch mehr Geld und größeren Schneid. Furchtbar.

Und mein zweites Schreckensbild zeigt mir: die Deutsche Minusbank!

Fußball spoken

Vor und während der Fußballweltmeisterschaft 2006 sprach man hierzulande allenthalben *Fußball*. Nein, ich habe nicht ein über oder von vergessen. Ich meine: Man sprach Fußball, wie man Deutsch oder Englisch – oder besser: wie man Politisch oder Ökonomisch spricht. Wer etwas zu erklären oder mitzuteilen hatte, bediente sich aus dem Fundus der Fußballterminologie. Mein Lieblingsbeispiel stammt aus einer Reportage, in der ein Journalist nach einer Parlamentswahl den Zustand einer Partei beschrieb wie den einer desolaten Fußballmannschaft: der Vorsitzende ein Trainer ohne Konzept und Plan, das Kabinett schlecht eingespielt, Konditionsschwächen beim Reformsturm et cetera.

Und wie soll man darüber denken? Ich persönlich bin gespalten. Es liegt ja im Wesen der Sprache, ja es ist sogar ihre besondere Qualität, das eine durch das andere ausdrücken zu können. Zwar gibt es Begriffe, die ganz fest mit einer Sache verbunden scheinen. Aber in den Sprachgeschichten kann man nachlesen, welch abenteuerliche Reise viele Wörter durch die Dingwelt unternommen haben. Wahrscheinlich ruhen sie jetzt gerade nur bei einer Sache aus, bis sie demnächst wieder aufbrechen. Könnten wir mit unseren Ururenkeln reden, dann wüssten wir, wohin ihre Reise gegangen ist.

Anderen Wörtern sieht man bis heute an, dass sie aus fremden Bereichen entlehnt wurden. Oder anders gesagt: Man kann sie als Metaphern noch erkennen. Motorhauben etwa trägt man nicht auf dem Kopf, Tischbeine sind unbeweglich, und der Fuß des Berges bedarf keiner Pediküre. Immer wenn es etwas Neues zu benennen gibt, entstehen solche Metaphern, wörtlich übersetzt: Übertragungen aus einem Vorstellungs- oder Sachbereich in einen anderen.

Und schließlich kennen und schätzen wir die metaphorische Qualität der Sprache aus dem täglichen Reden. Ein guter Vergleich, ein besonders sprechendes Bild – sie leisten oft mehr an Vermittlung oder sogar an Überzeugung als ein ganzes Bündel von Argumenten. Eine gelingende Metapher kann Türen zu neuen und ganz anderen Denkräumen öffnen.

Also ist es sicher auch ein Ausdruck der Lebendigkeit unserer Sprache, wenn sich Politiker und Wirtschaftsführer der dynamischen und populären Sprache des Fußballsports bedienen, um ihre Tagesgeschäfte und Tagesparolen zu kommunizieren. So etwas lockert auf, es macht lebendig. Es ist – sexy.

Oder gilt doch das Gegenteil? Könnte der schnelle Griff ins Wortschatzkästchen des Sportreporters nicht auch aus dem verständlichen, aber bedenklichen Wunsch geboren sein, den Sprachproblemen des eigenen Metiers zu entkommen? Die Politik, und die Wirtschaft zumal, haben es mit ungeheuer komplexen und schwierigen Sachverhalten zu tun. Wenn man sie angemessen artikuliert, jagt man damit die große Menge (der Wähler, Arbeitnehmer und Konsumenten) wahrscheinlich hinter den Ofen. Wie verlockend also, das Komplexe nicht mehr umständlich „herunterzubrechen", sondern flugs all das Langwierige und Vertrackte in genau die Sprache zu transferieren, zu der für gewöhnlich gesungen, getanzt, gejubelt, geweint und getrunken wird.

Und hier liegt die Gefahr! Denn die Jubel- und Tanzsprache Fußball ist ja gar nicht so frisch und abwechslungsreich wie die Topspiele auf dem Rasen. Um mit dem schnellen Ball sprachlich Schritt halten zu können, muss der Sportreporter vielmehr über ein Standardprogramm von Sprechbeschleunigern verfügen, die er ohne viel Nachdenken einsetzen kann. Das sind die wohlbekannten und bis zum Überdruss wiederholten Phrasen („die Räume eng machen"), die wenig sagen, aber schnell von der Zunge gehen.

Wer sich aber bei einem Vokabular bedient, dessen wesentliche Funktion es längst schon ist, nicht allzu sehr vom Spiel abzulenken, der wird kaum imstande sein, damit wirklich Neues auszudrücken. Er wird keine Türen aufstoßen, sondern auf ausgetretene Wege weisen. Er wird nicht Konzentration erreichen, sondern die allgemeine Zerstreuung befördern.

Und deshalb bleibe ich gespalten, wenn einer Fußball redet.

Elite

Achtung! Ich sage jetzt einen absolut unverdächtigen Satz: „Real Madrid und Manchester United gehören zur Elite der europäischen Fußballmannschaften." Und weil es so schön funktioniert und keiner mir ins Wort fallen will, gleich noch einen Satz hinterher: „Im Münchner Olympiastadion traf sich am Abend die Elite der Leichtathletik."

Dagegen setze ich jetzt knallhart ein paar ganz übel beleumundete Vokabeln: Eliteschule, Eliteuniversität, Elitedenken.

Das Wort *Elite* trägt offenbar einen Januskopf. Im Bereich des Sports wird allgemein hingenommen, dass es Eliten, also Bessere und Beste gibt, während es in anderen Lebensbereichen schon fast verpönt ist, diesen Umstand nur zu erwähnen, geschweige denn die Besseren und Besten so zu bezeichnen (oder gar zu fördern). Daher auch ein Aufschrei der Entrüstung, als nach dem PISA-Schock die zuständigen Regierungsstellen in ihrer Verzweiflung über die hiesigen Bildungsstandards die Einrichtung von Eliteuniversitäten planten.

Ich glaube, das alles rührt von einem Missverständnis. Ich fürchte, wer heute mit so viel Abscheu das Wort Elite ausspricht, meint eigentlich etwas vollkommen anderes. Er meint „Privilegierte". Zwei Wörter lateinischen Ursprungs, die offenbar einander zum Verwechseln ähnlich geworden sind.

Aber welch ein Unterschied! Elite bedeutet Auswahl, genauer: Auslese. Und eine Elite zusammenzustellen und zu fördern ist ein im Grunde erzdemokratisches Verfahren, das in einer Serie von Revolutionen und Reformen durchgesetzt wurde. Wogegen? Gegen die Praxis, Privilegien zu vergeben, das heißt: Sonderrechte an gewogene Günstlinge zu verteilen oder Ausnahmeregelungen zu erlauben. Privilegien kann man heimlich erschleichen und sogar vererben, sie waren und sind das Erkennungszeichen undemokratischer Gesellschaften.

Eliten aber sind das Resultat eines gesamtgesellschaftlichen Verfahrens, das sich im 20. Jahrhundert gegen alle älteren Konzepte und gegen ein paar zeitgenössische Alternativen (wie die Kaderbildung) durchgesetzt hat. Und durchgesetzt wurde es, weil es bis heute als das humanste Prinzip gilt. Ich meine das genau so! Denn wenn man die Besseren und Besten ermitteln und ihnen gerecht werden will, so tut man es ja insbesondere, damit die Ausgewählten später im Gegenzug ihre größeren Möglichkeiten für alle und insbesondere für die Schwächeren einsetzen.

Doch in den einschlägigen Diskussionen ist selten diese Elite gemeint, wenn Elite gesagt wird. Stattdessen artikuliert sich bei den Kritikern der Elitenförderung die Furcht vor Privilegien alter Couleur, der Argwohn gegen die, die auswählen, und die Sorge, dass nach der Auswahl der Besseren und Besten die anderen allesamt vernachlässigt, wenn nicht gar vergessen werden.

Warum nun dauernd Eliten mit Privilegierten verwechselt werden, weiß ich nicht. Es wird Gründe dafür geben, wahrscheinlich schlechte Gründe. Und ich fürchte, ich will sie gar nicht kennen. Ich möchte mir das schöne Bild, das ich von unserer Gesellschaft habe, nicht verderben lassen durch die Wahrnehmung, dass in ihr gelegentlich ein geradezu selbstzerstörerischer Neid aufkommt – und dann sogar aus Gründen des Stimmenfangs öffentlich gefördert wird.

Tafelsilber

Mit großer Regelmäßigkeit hörte man in den letzten Jahren, Bund, Länder und Gemeinden verkauften, um die Löcher in ihren Kassen zu stopfen, das *Tafelsilber*. Nun weiß selbst der größte Laie in Wirtschaftsdingen, dass es sich dabei nicht um Suppenschüsseln oder Vorlegemesser, sondern eher um Kraftwerke, Mietwohnungen, Müllautos und Fußballplätze handelt. Werden nun selbige an private Betreiber oder Investoren verkauft, um (so eine andere Standardwendung) ein paar Millionen „in die Kassen zu spülen", so führt das zu lebhafter Kritik.

Und die ist verständlich. Man kann sein Eigentum ja nur einmal verkaufen. Weg ist weg. Bei Klassenfahrten steckte man den Notfall-Zehner in den Strumpf, um ihn nicht vorschnell auszugeben. Schließlich kann man nie wissen, wann man die letzte Reserve am dringendsten brauchen wird. Ähnlich lautet die Argumentation der Kritiker. Außerdem warnen sie vor den Folgen einer Totalprivatisierung des öffentlichen Lebens. Der Strom zum Beispiel mag ja als privater Strom ein bisschen billiger sein; andererseits wüsste man etwas so Existenzielles wie die Stromversorgung vielleicht lieber unter die Kontrolle der Allgemeinheit gestellt.

Doch das sind die Themen der Experten. Mir geht es natürlich ums Wort; und da fiel mir doch etwas auf. Wenn nämlich die Kritiker das Bild vom Tafelsilber bemühen, dann scheinen sie mir eine seltsame, ja eine falsche rhetorische Waffe zu wählen. Es ist, als kämpfte man mit dem Schwert gegen einen Computerwurm. Denn die Vorstellung vom Verkauf des Tafelsilbers passt doch gar nicht zur Figur des demokratischen Staates; und sie passt auch gar nicht zu seinen Finanzproblemen.

Und zwar deshalb: Zunächst einmal drohte ja dem, der früher sein unmetaphorisches Tafelsilber verkaufte, keineswegs der Bankrott – weil er nämlich schon längst bankrott war! Das alte Tafelsilber war nicht zentraler Teil eines Besitzes wie Grund und Boden oder Produktionsmittel; es war nur der sentimentale Rest davon, mühsam konserviertes Prunkgeschirr, von dem man sich erst ganz am Schluss trennte, wenn alles wirklich Wertvolle schon auf immer verloren war. Ihr Tafelsilber verkauften im 19. Jahrhundert verarmte Adlige, nach den Weltkriegen tauschten ruinierte Großbürger es gegen Zigaretten ein.

Aber daraus folgt, dass die Redewendung, so wie sie heute gebraucht wird, doppelt falsch ist. Denn erstens ist unser Staat noch lange nicht pleite. Jedenfalls nicht, solange er eine Wirtschaftskraft hat, die ihn zum Beispiel jedes Jahr wieder zum Exportweltmeister macht. Und zweitens besitzt ein demokratischer Staat eigentlich gar kein Tafelsilber, also keine schweren und toten Preziosen, die in dunklen Kellern lagern und bloß der Repräsentation dienen. Oder anders formuliert: Besäße unser Staat etwas, das man mit Fug und Recht sein Tafelsilber nennen könnte, dann gehörte das Zeugs auf der Stelle verkauft, um den Erlös gewinnbringend zu investieren. Ein Kraftwerk aber ist kein Tafelsilber, ein Schwimmbad ist es auch nicht.

Ich muss daher inständig bitten, die Kritik am Verkauf öffentlichen Eigentums in Zukunft anders zu formulieren. Sonst ist sie nämlich keine Kritik, sondern bloß ein weiterer Ausdruck des verbreiteten Missverstehens von Demokratie und Ökonomie.

Paket

Schon seit geraumer Zeit gibt es die wichtigeren Sachen nur noch im *Paket*. Also neben den Verhandlungsinhalten und den Aktien insbesondere die neuen Gesetze – und unter denen vor allem diejenigen, die eine Konsolidierung der öffentlichen Haushalte bewirken sollen. Über allen Paketen leuchtet das Sparpaket.

Nun ist dieses Paket eine sprachliche Hilfskonstruktion, über die man leicht hinwegsehen könnte. Es weiß ja jeder, was gemeint ist: eine Anzahl von Gesetzen, Erlassen oder Anordnungen mit ähnlicher Ausrichtung, aufeinander abgestimmt und einander angeschliffen, schließlich gebündelt und so verpackt, dass sie eine irgendwie einheitliche Ober- oder Außenfläche abgeben. Als Absender fungiert bei solchen Paketen meistens die Regierung, als Adressat das Volk. Kurz, das Paket ist eine rundum stimmige, alltagstaugliche und nicht weiter auffällige sprachliche Hilfskonstruktion, gewissermaßen eine stille und fleißige, keineswegs eine kühne und erst recht keine erschreckende Metapher.

Und gerade so etwas muss einen neugierig machen! Ich glaube einfach nicht, dass die Sprache auch nur eine einzige Metapher oder Redewendung hervorbringt, ohne dass sie dabei Hintergedanken hegt. Und vielleicht haben sogar tief im Unbewussten der Sprechergemeinschaft das allgemeine Es oder das öffentliche Über-Ich die Hand im Spiel. Zum Beispiel im Falle des Pakets. Könnten da nicht zwei weitere und eher vertrackte Paket-Eigenschaften bei der Geburt dieser Metapher eine Rolle gespielt haben?

Erstens: Im Paket steckt oft eine Überraschung. Und das ist nicht erst seit den Zeiten von Ebay so. Vorher schon gab es das Weihnachts- oder das Geschenkpaket, zwischendurch dann deren problematischere Varianten, das Care-Paket und das West-Paket. All diese Pakete umweht ein Glücksversprechen. Natürlich war und ist im richtigen Leben nie das Gewünschte im Geschenkpaket und werden viele Weihnachtspakete gar nicht zu Ende ausgepackt, um die Umtauschgarantie nicht zu gefährden. Aber es bleibt doch immer wieder dem, der zur Schere greift, um die Paketschnur zu durchtrennen, die Verheißung, endlich einmal etwas wirklich Ersehntes auszupacken. Da könnte es doch gut sein, dass die Gesetzgeber sich (unbewusst) diese ungestillte Sehnsucht der Auspacker zunutze machen wollten, als sie ihre Gesetze ausgerechnet zu Paketen schnürten.

Zweitens: Pakete gibt man auf. Sie kennen den Kalauer. Aber hier soll er gar keiner sein. Tatsächlich wird nur ins Paket gepackt, was entweder eine weite (und vielleicht gefährliche) Reise antreten soll oder was (wie das Geschenkpaket) dem Adressaten nicht sofort als es selbst, also quasi nackt und bloß, unter die Augen treten soll. So könnte sich also im Wort vom Gesetzespaket die ganze Furcht der Absender ausdrücken, dass auf dem Weg zum Adressaten der Inhalt beschädigt werden könnte, bzw. ihr dringender Wunsch, dass dieser Inhalt nicht gleich für alle Augen sichtbar auf dem Wohnzimmertisch liegt.

Und ist nicht gerade diese Furcht berechtigt? So viele Gesetzespakete sind in den letzten Jahren tatsächlich wieder aufgeschnürt, ihr Inhalt ist auseinandergerissen und in alle Winde verstreut worden. Und viele dieser Pakete konnten gar nicht langsam und ruhig genug ausgepackt werden, um so wenigstens die schlimmsten Bescherungsszenen zu vermeiden.

Es steckt also mehr im Paket drin, als man denkt. Wie im Leben – und in der Sprache sowieso.

Praxisgebühr

Ein sehr schönes Wort ist das Verb gebühren. Seine Wurzeln lassen sich bis ins Althochdeutsche zurückverfolgen. Es ist in gewisser Hinsicht ein schweres Wort. Es stammt von bern, was tragen heißt (englisch noch: to bear). Gebären wie auch Geburt sind quasi seine Bedeutungscousinen. Ursprünglich verwendete man gebühren wohl im Sinne des „was einem geschieht" (was man zu tragen hat); später wurde aus dem Zugestoßenen das Zu- oder Angemessene, eben das, was einem gebührt: Rang oder Respekt. Das Gebührende soll auch natürliche Obergrenzen bezeichnen: So soll etwa niemand über Gebühr belastet werden.

Wo es ums Angemessene geht, geht es natürlich auch ums Geld. Und obwohl in Marktwirtschaften fast alle Preise, Gehälter und Löhne durch freie Verhandlungen bestimmt werden, gibt es daneben noch die Gebühren als zumindest versuchsweise objektive und rein sachangemessene Größen. Der Staat etwa nennt die Summen, die er für seine Dienstleistungen fordert, fast immer Gebühren. Damit will er klarstellen, dass bei ihrer Berechnung nicht der Wunsch nach Profit regiert, sondern einzig eine Kalkulation nach Maßgabe volkswirtschaftlicher Gerechtigkeit.

Eine der jüngsten Gebühren ist die viel diskutierte und noch mehr geschmähte *Praxisgebühr*. Eingeführt wurde sie als eine Reaktion auf den Umstand, dass bei Verteuerung der Behandlung, Überalterung der Gesellschaft und gesteigerten Ansprüchen an die Lebensqualität eine medizinische Versorgung nach den bislang geübten Routinen nicht mehr möglich ist. Genauer: nicht mehr bezahlbar.

Wenn nun aber die Praxisgebühr in der Hauptsache dazu dienen sollte, fehlende Gelder zu beschaffen, dann wäre sie weniger eine Gebühr, sondern eher (wie im Falle des „Soli") ein Zuschlag. Vielleicht auch eine Umlage. Aber die Praxisgebühr hat auch eine Steuerungsfunktion: Man soll es sich jetzt ein bisschen länger überlegen, ob man (ohne Überweisung) mal den und mal jenen Arzt besucht. Als geldliches Steuerungsinstrument aber ist die Praxisgebühr erst recht keine Gebühr. Ich würde sie dann am ehesten noch eine „negative Subvention" nennen. Aber wirklich zufrieden bin ich damit nicht.

Und schließlich: warum „Praxis"-Gebühr? Weil sie gleich dort zu bezahlen ist? Das wäre als Herleitung verständlich, aber auch ziemlich schwach. Theaterkarten heißen ja nicht so, weil man sie im Theater bezahlt, sondern weil man sie kaufen muss, bevor man ein Theaterstück sehen kann. Folglich müsste die Praxisgebühr also eher Behandlungsgebühr heißen. Aber das trifft es auch nicht so recht.

Ich bleibe also ratlos. „Negative Behandlungs-Subvention"? „Allgemeine Krankheits-Umlage"? Oder „Schnupfenpfennig"? Das klingt entweder grauenhaft oder albern. Ich glaube, das Wort Praxisgebühr macht seinen Weg, weil es, wenngleich in der Sache nicht ganz richtig, so doch als Klang sehr angenehm und irgendwie gelungen ist. Und vielleicht nimmt es uns sogar mit auf eine Reise in seine Bedeutungsvergangenheit. Eben als Wort für das, woran jeder so schwer trägt.

Bürgerversicherung

Einmal machte ich die Bekanntschaft von gleich zwei MdB. Sie gehörten zwei Stämmen an, die sich zwar für gewöhnlich in Dauerfehde befinden, gelegentlich aber auch mit Schaudern einige Ähnlichkeiten in ihren Grundansichten feststellen. Sie verstehen schon: der grüne und der schwarze Stamm.

Etwas beschwipst und daher mutig, fragte ich die beiden am späteren Abend, warum denn eigentlich die *Bürgerversicherung*, über die man jetzt so heftig streite, „Bürger"versicherung heiße. Darauf guckten mich die beiden mehr als erstaunt an, besonders der vom grünen Stamm. Na ja, sagte ich in seine Richtung, zumindest seine Partei habe doch in den letzten Jahrzehnten alles Bürgerliche heftig abgelehnt, ja vielleicht könne man sogar sagen, dass sie ihr Entstehen und ihre Ausbreitung am ehesten einem kompakten antibürgerlichen Affekt verdanke. Und nun, gewissermaßen als Paradestück einer hauseigenen Sozialpolitik: die Bürgerversicherung. Ob denn dieser Name nicht denkbar schlecht gewählt sei?

Die nächste Viertelstunde verging dann damit, dass mir die beiden MdB zu verstehen gaben, dass ich, meiner eigenen Stammesherkunft entsprechend, von Tuten und Blasen keine Ahnung hätte. Schließlich gehe es nicht um das, was draufstehe, sondern um das, was drinstecke im Reformpaket: Gerechtigkeit, Sicherheit, Zukunftsfähigkeit. Außerdem, und dies mir persönlich ins Stammbuch geschrieben, seien Namen nun einmal Schall und Rauch, das heißt: Sie müssten gut klingen und dem Gegner die Augen tränen lassen.

Für den Abend war ich mundtot gemacht. Doch später, längst wieder nüchtern, wenngleich verkatert, erwiderte ich entschieden: Nein! Dass dieses Ding Bürgerversicherung und nicht anders heißen sollte, das bedeutete schon so einiges. Es zeugte nämlich von dem Umstand, dass in den Zeiten öffentlicher Finanzknappheit die Grünen den Bürger wieder für sich entdeckten. Oder anders formuliert: Sie mussten einsehen, dass sie vor 25 Jahren ein Bewusstseinsclearing initiiert hatten, bei dem das Kind mit dem Bade ausgegossen wurde. Genauer: der Citoyen mit dem Bourgeois.

Der Citoyen nämlich ist der mündige Staatsbürger, der seine Freiheit als die andere Seite der Brüderlichkeit, sprich der Solidarität, begreift und entsprechend handelt. Der Bourgeois hingegen ist der Besitzbürger, der seine ökonomischen Freiheiten in Kapital und damit in die Potenz zur Herstellung von Ungleichheit ummünzt. Als es ab 68 hierzulande hieß: „Bürger, nein danke!", da meinte man den Bourgeois, übersah jedoch, wie viel Citoyen auch noch in dessen schlimmsten Inkarnationen steckt. Flugs waren beide zusammen in Acht und Bann geschlagen und damit auf lange Sicht auch der Staatsbürger, den nicht nur Individualinteressen umtreiben.

Der Bürger tauchte seit dem Bewusstseinswandel um 68 im herrschenden politischen Diskurs nur noch auf, wenn der Staat ihm auf den Schlips getreten hatte, also wenn es um die Durchsetzung von Einzel- oder Gruppeninteressen ging: bei Bürgerbegehren, Bürgerinitiativen, Bürgerprotest, Bürgeranträgen. Doch Achtung! Bürger war hier beinahe identisch geworden mit Konsument; und insbesondere die spätere grüne Politik fungierte als sein Verbraucherschutz gegenüber der Staatsmacht.

Ich weiß, ich bin bitter und ungerecht. Und ich übertreibe. Aber das Wort Bürgerversicherung hat mich lange verfolgt. Da haben mich vor dreißig Jahren die damals jüngsten 68er-Referendare dem Bürgerlichen mühsam entwöhnt – und nun präsentierten mir grüne MdB ausgerechnet eine Bürgerversicherung als ihrer Staatskunst letzten Schluss. Auf dass die Gleichheit sich als eine Gleichheit vor dem behandelnden Arzt und die Brüderlichkeit als eine des Nebeneinanders auf dessen Wartebank einstelle. Bürger sollte ich also wieder werden – aber leider bloß als Kranker. Erst litt ich am Bürgertum, jetzt leide ich mich zum Bürger.

Ich habe damals sehr gebettelt. Nennt es anders!, habe ich gesagt. Nennt es Grundversicherung. Oder Basisversicherung. Gebt der Sache, wenn sie denn nötig ist, einen Namen, der so trist ist wie der Umstand, dass Menschen krank werden und sich dagegen versichern müssen. Aber lasst mir den Bürger aus der Versicherung! Den brauchen wir noch anderswo, für größere Aufgaben.

Und siehe, meine Bitten wurden erhört.

Vorbild

Das Folgende regte der Gastkommentator in einer gut angesehenen Wirtschaftszeitung an: Die zuständigen Politiker, so hieß es dort, sollten demnächst weniger Verlautbarungen oder Spekulationen über den genauen Verlauf des allgemeinen Sparkurses abgeben, dafür aber durch die Beschneidung der eigenen Bezüge den Bürgern ein gutes *Vorbild* sein.

Dieser Gedanke steht in den Kommentaren zur ökonomischen Lage der Nation nicht allein. Und er ist durchaus nachvollziehbar. Man kehre bitte zunächst vor der eigenen Tür! Nichts erzieht die Kinder (Bürger) so gut wie das Vorbild der Eltern (Politiker). Man darf nicht Wasser predigen und Wein trinken. Und so weiter und so weiter.

Aber ich fürchte, hier werden der Begriff und mehr noch die Idee des Vorbilds auf eine nicht ganz ungefährliche Art und Weise simplifiziert. Denn einmal richtig hingehört: Es heißt ja Vor-Bild. Nicht: Regel-Spender, Norm-Geber oder Verhaltens-Anweiser.

Die Idee des Vorbilds ist meines Erachtens viel komplexer. Ich glaube, man muss den Bildanteil darin ausgesprochen ernst nehmen, wenn man sie richtig verstehen will. Ein Vorbild zu haben heißt nämlich: eine Orientierung zu besitzen, an der ich die Konstruktion meines Selbstbildes ausrichten kann. Und immer geht es dabei um Bilder – also nicht um Abstraktes oder Regelhaftes, sondern um Bildliches, das heißt um Komplexes, Körperliches und Sinnliches. Ein Selbstbild ist intensiver realisiert in dem Gefühl, mit dem ich auftreten, als in dem Regelkanon, den ich anwenden möchte.

Und jetzt wird es heikel mit dem Vorbild des Politikers, der sich selbst die Bezüge kürzt und seine Pension an die des Normalbürgers anpasst. Denn ein solches Tun scheint von der Sache her natürlich vollkommen richtig, ja geradezu gefordert zu sein. Aber ist es auch vorbildlich? Das heißt: Kann ich bei der inneren wie äußeren Gestaltung meines beruflichen und ökonomischen Alltags etwas anfangen mit einem Minister, der nur noch zweiter Klasse fliegt, die Minibar-Rechnung im Hotel selbst bezahlt und, sollten ihn die Bürger abgewählt haben, bis zu seinem 65. Geburtstag wartet, bevor er sich die Rente auszahlen lässt?

Antwort: Nein! Damit kann ich gar nichts anfangen. Gut, der Mann benimmt sich korrekt. Aber korrekt ist bloß richtig – und was richtig ist, kann ich weiß Gott auch ohne besondere Vorbilder in Erfahrung bringen. Mehr noch: Alle wissen, was richtig ist; sonst gäbe es ja nicht so viele Kommentare, in denen den Politikern das richtige Verhalten angeraten wird.

Doch Korrektheit macht kein Vorbild. Denn mein Selbstbild soll nicht bloß korrekt, es soll vielmehr so utopisch, kreativ und innovativ wie möglich sein. Auf meinem Selbstbild darf ich mich nicht ausruhen, es muss mich nach vorne ziehen, während ich versuche, ihm ähnlich zu werden. Und wie um alles in der Welt soll ich mir ein solches Bild ausmalen, wenn ich als Vorbild dafür eines nehme, das alles Mögliche ist, nur nicht utopisch, kreativ und innovativ?

Meine Vorbilder sollen mich zur Grenzüberschreitung stimulieren. Meine Beziehung zu ihnen realisiert sich nicht in schierer Nachahmung, sondern durch Übertragung oder Metamorphose. Ich kann mir daher sogar Napoleon zum Vorbild nehmen, ohne Europa erobern, Bismarck, ohne ein Reich gründen, oder Gandhi, ohne ein Volk befreien zu wollen. Ich löse einfach ihre visionäre Energie oder ihr unerschütterliches Selbstvertrauen aus ihrer Geschichte heraus und nehme sie mir zum Vorbild, wenn es um mein Unternehmen geht, um meine Führungsaufgabe – oder um meinen nächsten Text. Daher brauche ich Vorbilder, die sperrig, wild und vielgestaltig sind. Von einem, der bloß alles richtig macht, kann ich nichts Neues lernen.

Reform

Frage: Warum kommen eigentlich alle anstehenden und angekündigten Reformen so schlecht voran? Und warum haben die allermeisten eine so miserable Presse? Kleine Denk- oder Kunstpause. Und jetzt die Antwort: Eben weil sie *Reform* genannt werden.

Nein, das soll jetzt keine inhaltliche Kritik an den Veränderungen in der Sozialgesetzgebung oder im Gesundheitswesen werden. Sich über die Anstrengungen unserer Politiker lustig zu machen, stehen schon Legionen von Kommentatoren und Kabarettisten Schlange. Da halte ich mich heraus. Ich meine es ja (wie immer) wörtlich.

Und ich sage: Es liegt wirklich an dem Wort Reform. Das ist lateinischer Herkunft und meint ursprünglich nur Umgestaltung, Neuordnung. Es ist also eigentlich ein wertneutrales Wort, das man für Veränderungen in jeder Richtung verwenden könnte. Aber man kann nicht! Denn viele Sprechergemeinschaften (darunter auch die deutsche) haben das Wort Reform im Verlauf der Geschichte mit nichts als positiver Bedeutung aufgeladen. Man denke nur an die Reformation, die von den Reformatoren als eine sittliche Erneuerung gedacht war, oder an die vielen sozialen und politischen Reformen seit der Französischen Revolution, die allesamt die Tendenz hatten, immer größere Teile der Bevölkerung an der Macht und am allgemeinen Wohlstand zu beteiligen. Seine vielleicht letzte Hochzeit erlebte das Wort Reform hierzulande in den Siebzigerjahren des letzten Jahrhunderts, als die 68er-Generation den langen Marsch durch die Institutionen begann, um ihre Ideale einer demokratischeren Demokratie zu realisieren.

Jetzt aber, zu Beginn des 21. Jahrhunderts, muss das bislang so gut beleumundete Wort Reform lauter Maßnahmen betiteln, die gerade nicht darauf angelegt sind, die Macht oder das Vermögen der Bevölkerungsmehrheit zu vergrößern. Es geht vielmehr um die Einschränkung unserer Freiheiten angesichts einer gespannteren Sicherheitslage oder um die schmerzhafte Anpassung unserer Sozialleistungen an eine sich verschlechtere Wirtschaftslage bzw. an die sich verändernde Altersstruktur unserer Gesellschaft. Was hier ansteht, tut vielen weh.

Und also auch vielen Wählern! Ich verstehe daher die Verantwortlichen in der Politik, wenn sie ihre Maßnahmen dennoch Reformen nennen. Denn es besteht ja die aus der Geschichte genährte Hoffnung, dass gewählt oder wiedergewählt wird, wer kräftig reformiert.

Doch ich fürchte, dieses Reden von Reformen ist mittlerweile nichts anderes als ein aus Angst gespeistes folkloristisches Ritual. Mehr als um die Maßnahmen drücken sich die Verantwortlichen um das richtige Wort dafür. Um deutlich zu machen, dass nicht alle anstehenden Veränderungen den alten Zielen bundesrepublikanischer Reformpolitik folgen können, sollte man darauf verzichten, sie unter der Tarnflagge Reform segeln zu lassen. Sie sollten einen anderen Namen bekommen, einen, dem man deutlich ansieht, dass womöglich eine andere Phase unserer Geschichte begonnen hat: eine Phase der Sicherung und Konsolidierung, möglicherweise eine Phase der Besinnung auf das Wesentliche und das Sinnvolle.

Solche Signale aber gehen von dem munteren Wort Reform nicht aus. Vielleicht sollte man es in einen vorläufigen Ruhestand schicken und erst dann wieder aktivieren, wenn man seinen barrikadenstürmerischen und grundoptimistischen Elan sinnvoll einsetzen kann. Wird hingegen das Wort Reform verschlissen, dann sind auch die Reformen selbst gefährdet!

Hartz

Peter Hartz galt einmal als der Guru einer Wirtschafts- und Finanzgesundungstheorie. Und weil man so dankbar war für diese selten gewordene Identität von Mensch und Idee, bekam die von ihm geleitete Kommission zur Reform des Arbeitsmarktes seinen Namen. Der wurde daraufhin eine enorm positiv besetzte Marke in der politischen Diskussion, und diese Marke klebte die Regierung verständlicherweise auch auf die Gesetzesentwürfe, die sie im Anschluss an die Empfehlungen der Kommission formulierte.

Als es dann zu organisierten Massendemonstrationen gegen die Durchsetzung und die Anwendung der Gesetze kam, erlebte der Name *Hartz* einen tiefen Fall von der Edel- zur Hassvokabel. In einer Zeitung hieß es damals, der Kanzler müsse den „Hartz-Stürmen" trotzen. Schließlich diskreditierte sich der Namenspatron selbst durch seine Verwicklung in den Bestechungsskandal bei Volkswagen.

Dabei hätte man es wissen können! Gesetze, die Hartz IV heißen, haben es schon allein deswegen schwer. Ich weiß, das klingt nach sprachmagischem Raunen. Also bleibe ich empirisch und frage zunächst einmal, was in unserer Sprachgeschichte bislang nach dem Muster „Name plus römische Zahl" benannt worden ist, woher also quasi die Vorlage für Hartz IV stammt.

Da ist zunächst die Benennung von Kaisern, Königen und Päpsten. Allerdings sagt man hier in aller Regel nicht Friederich zwei, sondern Friedrich der Zweite, während das Gesetz ja keineswegs mit Hartz der Vierte angeredet wird. Scheidet also aus.

In der modernen darstellenden Kunst finden sich häufiger Titel von Bildern, die Komposition III oder Struktur VII heißen.

Die werden dann auch so angeredet, aber hier sehe ich aus begreiflichen Gründen ebenfalls nicht die Vorlage.

Bleibt nur eine, wenngleich sehr populäre Gattung: Saturn II, Apollo IX, Sojus IV und so weiter. So heißen Raketen, Satelliten und Sonden. Einen Namen bekommen sie, weil sie wichtig und teuer genug sind, um nicht bloß mit einer technischen Bezeichnung angeredet zu werden; andererseits aber sind sie ziemlich verderbliche (Klein-)Serienprodukte, die beim Gebrauch meist verschlissen werden und dann einen Nachfolger bekommen. Außerdem werden sie in jeder neuen Auflage verändert und verbessert. Das alles soll sich in der Durchzählung niederschlagen.

Und nun spreche man Hartz IV einmal genau so aus, also quasi raketenmäßig. Ich glaube, das klingt ganz ausgezeichnet, geradezu himmelstürmerisch.

Aber sollten Gesetze wie Raketen heißen? Gesetze sind keine technischen Produkte, sondern soziale Vereinbarungen. Aus ihrem Namen sollte nicht die kalte Pracht des Machbaren, sondern der Geist des Möglichen sprechen. Dass hier ein Gesetz zur Veränderung von Arbeitslosengeld und Sozialhilfe einen Raketennamen bekommen hat, zeugt meines Erachtens von den enormen Schwierigkeiten der Politik bei der Formulierung ihrer Ziele und Absichten. Ein Gesetz mit der Marke Hartz und der Nummer IV auf die Reise in die Gesellschaft zu schicken, war ein Akt der Unsicherheit. Daraus sprach vor allem der Wunsch, sich hinter etwas möglichst Glänzendem oder Glattem zu verbergen. Ein Gesetz wie eine Rakete. – Kein Wunder also, dass die Betroffenen entsprechend reagierten: Sie gingen auch in die Luft!

Nachhaltig

Es gibt Wörter, die klingen, als seien sie einem schönheitsfeindlichen Kanzleibewusstsein entsprungen; und dabei sind sie trotzdem ganz tauglich. Zum Beispiel *nachhaltig* mit seinem Nomen *Nachhaltigkeit*. Insbesondere letzteres ist zwar ähnlich wie Feuchtigkeit oder Müdigkeit kein recht anmutiges oder beschwingtes Wort. Es kommt eher etwas träge daher, beschwert von Aktenstaub und übersät mit Tintenflecken. Aber verglichen mit anderen Fach- und Sachmonstren atmet es doch eine gewisse Schlichtheit, die gut zu seiner Botschaft passt. Immerhin steht es ja – knapp gesagt – für das Gegenteil des oft geübten Verfahrens, so zu tun, als hätten wir eine zweite Welt im Kofferraum.

Man kann es auch anders sagen. „Nachhaltigkeitspolitik soll eine wichtige Grundlage schaffen, um die Umwelt zu erhalten und die Lebensqualität, den sozialen Zusammenhalt in der Gesellschaft und die wirtschaftliche Entwicklung in einer integrierten Art und Weise sowohl in Deutschland als auch international voranzubringen."

So formuliert es, leider schon etwas weniger schlicht, der „Rat für nachhaltige Entwicklung", den die Bundesregierung im Jahr 2001 berufen hat. Er soll „Vorschläge zu Zielen und Indikatoren zur Fortentwicklung der Nachhaltigkeitsstrategie" erarbeiten sowie „Projekte zur Umsetzung dieser Strategie vorschlagen". Außerdem soll er den „gesellschaftlichen Dialog zur Nachhaltigkeit" fördern, damit „die Vorstellung von dem, was Nachhaltigkeitspolitik konkret bedeutet, bei allen Beteiligten und in der Bevölkerung verbessert wird."

Das sind wahrlich richtige und weithin anerkannte Ziele. Ich fürchte allerdings, dass der geschätzte Rat dort, wo es um den „gesellschaftlichen Dialog zur Nachhaltigkeit" geht, bislang wenig Erfolgreiches bewirkt und vielleicht sogar Verwirrung angerichtet hat. Oder geht das vielleicht gar nicht auf die Kappe des Rates, wenn seit geraumer Zeit das Wort nachhaltig in geradezu inflationärer Art und Weise und für alles Mögliche gebraucht wird?

Ich jedenfalls höre insbesondere alles Unmögliche. Nachhaltig im Sinne von: nachdrücklich, dauernd, intensiv oder einfach: toll, super, klasse und prima. Wer heute vor Politikern oder Wählern oder vor beiden öffentlich oder schriftlich punkten will, der beschwört auf Deibel komm raus Nachhaltiges und Nachhaltigkeit, auch wenn es sich dabei weder um Forstwirtschaft oder Energiepolitik noch um irgendetwas anderes von dem handelt, was im „Rat für Nachhaltigkeit" verhandelt wird.

Und natürlich ist der Rat nicht schuld daran. Längst ist ja hierzulande der Umweltschutz in vielen Bereichen des Alltags zu einer Art Ersatzreligion geworden, deren Glaubenssätze und Glaubensworte man gerne lautstark nachbetet, ohne sich gleich an alle ihre Gebote zu halten. So gibt es zwar immer noch Mitbürger, die Altöl neben den Komposthaufen schütten, aber es gibt keine mehr, die das vor ihren Nachbarn zugeben würden. Hingegen gibt es viele, die sich um den Zustand der Welt nach ihrem eigenen Hinscheiden eher wenig sorgen, aber gerne von den positiven Resonanzen profitieren, die man erhält, wenn man ein so schönes und gutes Wort wie nachhaltig in die Menge spricht.

Dabei unterstelle ich durchaus nicht allen Falschnutzern von nachhaltig und Nachhaltigkeit gleich Umweltfeindlichkeit oder bösen Willen. Viele erliegen wohl nur der Versuchung, die von so positiv besetzten Vokabeln ausgeht. Ich weiß ganz gut, wie rasch man in Debatten unterzugehen droht – und wie schnell man dann nach Rettungswörtern greift, die wie nachhaltig oder meine Lieblinge genießen und Erlebnis so weit oben und so sicher auf dem öffentlichen Wohlgefallen schwimmen. Es sind Strohhalmwörter. Kaum einem kann man verdenken, wenn danach greift.

Doch man muss auch warnen: Ein Strohhalm trägt nicht. Und wer sich dennoch daran klammert, geht nicht nur unter; er läuft überdies Gefahr, sich lächerlich zu machen.

Sozialverträglich

Ich wünschte, ich könnte etwas gegen Entlassungen tun. Fände bzw. erfände ich morgen den Stein der Weisen, zum Beispiel ein Haarwuchsmittel, das auch im Nachhinein wirkt, oder wenigstens eine Methode, um Fenster wirklich streifenfrei sauber zu putzen – ich würde selbstverständlich hier in Deutschland investieren und möglichst viele Landsleute, wie heißt das so schön: „in Lohn und Brot" setzen.

Einstweilen aber kann ich auch nur traurig darüber sein, dass es immer noch weniger Arbeitsplätze als Arbeitswillige gibt. Und eines kann ich überdies noch tun: Ich kann mich ein bisschen aufregen. Und zwar über das Wort *sozialverträglich*.

Sozialverträglich ist eine rhetorische Sonderanfertigung. Es wurde geschaffen, um einen bedauernswerten Tatbestand so darzustellen, dass er nicht mehr ganz so bedauernswert, sondern eher erträglich, um nicht zu sagen: ganz einwandfrei daherkommt. Wenn heute entlassen wird, insbesondere wenn viele entlassen werden, dann geschieht das im Verlautbarungsjargon der Unternehmen stets und immer sozialverträglich. Das klingt (und ist wohl auch nach diesem Muster geklont) wie umweltverträglich oder hautverträglich und verbreitet eine beruhigende Stimmung, so etwas wie soziale Wellness. Kann sein, denkt man sich, dass da irgendwas gewaschen wird, aber offenbar wird dabei niemandes Pelz nass gemacht.

Und das stimmt ja auch irgendwie. Sozialverträglich das Personal zu reduzieren – Pardon: freizusetzen – bedeutet ja in der Realität hinter dem Phrasenvorhang: Man schickt so lange Leute mit fünfzig plus in die Frühpension und besetzt keine frei werdenden Stellen, bis man sich gesund genug geschrumpft hat.

Aber ist das sozialverträglich, also sozial verträglich? Verträglich ist das doch allenfalls insoweit, als es bei schleichender und abfindungsberuhigter Entlassung keinen Rabatz vor den Werkstoren gibt. Niemand wird so richtig böse rausgeworfen, niemand steht laut klagend auf der Straße. Und niemand fällt dem Arbeitsamt zur Last, was besonders verträglich ist, zumal das nicht mehr so heißt und die meisten Leute sich schämen, den neuen Namen auszusprechen.

Doch mehr Verträglichkeit steckt nun wirklich nicht im Sozialverträglichen. Stattdessen lauter Unsoziales! Denn die abgebauten Stellen stehen demnächst denen nicht offen, die sie antreten möchten: den Angehörigen der nächsten Generation. Es ist ein Unding, zu glauben, man könne nur den akuten Inhabern von Arbeitsplätzen etwas wegnehmen – weit gefehlt, man kann sogar den Ungeborenen etwas stehlen: die Chance auf Teilnahme an der Gesellschaft, die Chance auf Bildung und Auskommen.

So sammelt sich im aktuellen Gebrauch von sozialverträglich die Borniertheit und Kurzsichtigkeit unserer Gegenwart. Wer entlässt, der schaut mit stierem Blick nur auf jene innerhalb des Tellerrands, die ein wenig unverträglich reagieren könnten: Parteien, Gewerkschaften, Verbände und Lobbys. Mit denen will er sich fein vertragen. Und die Entlassenen hoffen bloß, dass sich für die eigene Restlebenszeit ein angenehmes Arrangement wird finden lassen. Danach: die Sintflut.

Und das wirklich Soziale, also das Ganze der nicht nur jetzigen, sondern insbesondere der kommenden Gesellschaft – das spielt in der nervösen Folklore der täglichen Suche nach dem Sozialverträglichen keine Rolle mehr. Wer kann sich schon um die Zukunft kümmern, wenn der Dax mal wieder schwächelt? Sozialverträglich ist der Schlachtruf dieser panischen Kurzsichtigkeit. Es ist ein klassisches Unwort: Es bedeutet das Gegenteil von dem, was es zu sagen vorgibt.

Mitnahme-Mentalität

Als vor ein paar Jahren der Bundeskanzler eine Anmerkung zur öffentlichen Moral machte, geriet er flugs in die Kritik. Es zeigte sich, dass Regierende, die den Regierten etwas ins Stammbuch oder gar hinter die Ohren schreiben wollen, generell nicht gut gelitten sind. Man wünscht sich die Regierung eher als eine Art Geschäftsführung, nicht als Verein von Ethiklehrern oder Sozialphilosophen.

Aber da das Wort *Mitnahme-Mentalität* einmal heraus war, konnte man es nicht mehr ignorieren. Der Kanzler hatte damit den Umgang mit Leistungen des Staates gerügt, auf die man einen Rechtsanspruch hat. Es sei, hatte er zu bedenken gegeben, möglicherweise nicht ganz anständig, immer alles zu nehmen, was man kriegen kann. Das war nun in der Sache sicher bedenkenswert. Doch mich interessierte vor allem, woher die Wendung stammte, auf die sich die öffentliche Empörung umgehend konzentrierte.

Ich begann mit dem Mitnehmen. Das ist lange ein Wort ohne besondere Wertungsfunktion gewesen. Doch schon seit geraumer Zeit fungiert es als spezieller Terminus in den Werbekampagnen großer Waren-, insbesondere großer Möbelhäuser. Zuerst erschien es nach meiner Erinnerung in der Verbindung Mitnahme-Artikel oder Mitnahme-Preis. So begleitete die Werbung den Umstand, dass sperrige Waren zerlegt genug in den Handel kamen, um sie im privaten PKW abtransportieren zu können. Das beste Beispiel dafür sind die komprimierten Wohnwelten von IKEA, die bequem in einen Familienkombi passen. Die Händler konnten so die gesparten Kosten für Lagerung und Transport ihrer Produkte aus dem Endpreis herausrechnen.

Doch Mitnahme-Preis und Mitnahme-Artikel haben ihren Sündenfall bereits hinter sich. Schon lange stehen sie nicht mehr allein für ein ökonomisches Konzept, sondern für eine ziemlich bedenkliche Bewusstseinsoffensive des von der Konjunktur gebeutelten Handels. Längst ist der Mitnahme-Artikel mit dem entsprechenden Preis einer, der einen Konsum ohne Vorsatz stimulieren will. „Das kann man einfach mitnehmen" heißt nicht mehr: „Das ist transportabel", sondern: „Das kann ich kaufen, ohne es zu wollen und ohne mich später über diese Bewusstlosigkeit zu ärgern."

Als nun der Kanzler das Mitnehmen kritisierte, hörte ich darin jenen Überdruss mitschwingen, den die Händler selbst bereits an der allgemeinen Mitnehmerei empfinden, die sie selbst veranlasst haben. Denn längst hat der Konsument das Blut der kleinen und kleineren und allerkleinsten Preise geleckt und kauft nur noch, was mindestens zur Hälfte des halben Preises angeboten wird. An die Stelle des konzisen Kaufwunsches und seiner Realisierung ist, natürlich unter dem Druck der Krise, ein Nebeneinander von Konsumverweigerung und Schnäppchenjagd getreten. Man will eigentlich gar nichts kaufen – und nimmt dafür dauernd mit.

Ließ sich nun dieses Verhalten auf den Umgang der Bürger mit den ihnen rechtens zustehenden Sozialleistungen übertragen? Hinkte dieser Vergleich nicht auf allen Füßen und drohte ins Peinliche abzustürzen? Aber vielleicht ähnelte das Bewusstsein des Kanzlers dem eines Baumarktleiters, der mit ansehen muss, wie die Kunden über all den Sonderangeboten die Qualitätswaren liegen lassen. Vielleicht war der Kanzler ja enttäuscht von seinen eigenen Wählern, weil deren Versessenheit auf politische Mitnahme-Artikel einherging mit ihrer Abwendung von der guten alten Qualitäts-Politik als Gestaltung des großen Ganzen. Vielleicht hatte der Kanzler, als er vom Mitnehmen sprach, ein Schreckensbild vor Augen: den Bürger als schieren Konsumenten von Politik.

Und da wollte der Kanzler selbst kein Schnäppchen sein.

Panne

Großes Aufsehen erregte einmal der Umstand, dass eine lange und mit Sorgfalt angekündigte *Panne* sich nicht einstellte. Jedenfalls bewirkte die Einführung der LKW-Maut zwar allerlei Geschimpfe, doch keinesfalls das prognostizierte Chaos. Wollte ich kalauern, würde ich sagen: Wir durften eine Panne der Pannenmelder erleben.

Bei mir kamen da Erinnerungen hoch. Wie war das bei der Einführung der fünfstelligen Postleitzahlen? Weise Männer orakelten damals, es werde das ganze Postwesen kollabieren. Man hörte Menschen klagen, dass sie jetzt endgültig vom Leben überfordert seien, weil sie sich ihre neue Postleitzahl merken müssten. Man sah Bilder von Rentnern, von denen es hieß, nun würden ihnen die Enkel nicht einmal mehr schreiben und so weiter und so weiter. Und dann wurden die fünfstelligen Postleitzahlen dennoch eingeführt, und drei Tage später redete keiner mehr darüber.

Ich weiß, man darf niemandem Katastrophensehnsucht unterstellen. Aber zumindest eine Pannensehnsucht gibt es, davon gehe ich nicht ab. Es gibt im Alltag diesen stillen Wunsch nach dem Anhalten der Maschinerie, nach dem gewissen Quantum Sand im Getriebe. Und warum? Ich glaube, weil uns die Panne aus der Verantwortung und aus der Verhaftung an die Gegenwart reißt. Wie war das damals, als auf der Straße vor der Schule zwei Autos zusammenstießen? Da stürzte doch alles ans Fenster, ohne dass der Lehrer einschreiten konnte; und noch eine geraume Zeit später war alles irgendwie anders, weniger drängend, weniger verbindlich.

Ähnlich ist es heute, wenn morgens der Zug Verspätung oder gar eine Panne hat. Da kommen wir dann ins Büro mit einem unsichtbaren Freibrief in der Tasche, mit der Erlaubnis, es heute nicht so genau drauf ankommen zu lassen. Oder der PC am Arbeitsplatz stürzt ab. Das schadet dem Geschäft, mag sein; aber dafür fühlen wir uns sehr angenehm aus der Verpflichtung genommen, vollkommen einwandfrei zu funktionieren.

Am besten ist natürlich die Panne der anderen, an der wir sympathetisch partizipieren. Diese Panne erreicht uns als Meldung, als Nachricht. Wer sein Radio einschaltet, ist unterschwellig getragen von der berechtigten Erwartung, mit der jeweils nächsten globalen Panne beliefert zu werden. Pannen sind medial allgegenwärtig. Wir sind entweder die Akteure oder das Publikum einer permanenten Pannen-Show; oder beides. Und längst hat sich die Erwartungslast umgekehrt: Erwartete man früher einmal, dass alles klappte (und wenn nicht, war es leider eine Panne) – so geht man jetzt vom Scheitern schlechthin jeder Neueinführung, Reform oder Innovation aus.

Oder ist alles ganz anders, verdrehter und verquerer? Leben wir, gehetzt von Börsenmeldungen, Arbeitslosenzahlen und Gewinnwarnungen, in einer solchen kollektiven Angst vor dem Scheitern, dass wir permanent Pannen-Magie betreiben, indem wir Pannen-Teufel an die Wand malen, nur um sie zu vertreiben? Haben wir die Staus vor den Mautstellen in Gedanken immer länger werden lassen, um sie zu verhindern?

Also gibt es zwei Möglichkeiten. Entweder ist die Pannen-Hysterie eine Flucht aus der Verantwortung oder eine Beschwörung der eigenen Ängste. Und ich weiß nicht, welche Variante die schlimmere ist.

Bierdeckel

Eine Zeit lang konnte man ein Wort sagen, *Bierdeckel* – und alle wussten, was gemeint war. Es ging um die Steuerreform; es ging um das von dem Unionspolitiker Friedrich Merz vorgeschlagene, allenthalben viel bejubelte und dann auf die längste Bank geschobene Modell eines dreistufigen Steuersatzes, der es einem Arbeitnehmer erlauben sollte, seine Steuerbelastung auf kleinstem Raum auszurechnen. Eben auf einem Bierdeckel. Zu dem erstaunlichen Phänomen dieser Wortkarriere ein paar Anmerkungen.

Dass der Bierdeckel es so rasch nicht nur an die Stammtische, sondern auch bis in die vorderste Linie der Nachrichten schaffte, muss aufmerken lassen. Schließlich ist besagte Vereinfachung der Steuerberechnung für Arbeitnehmer ja nur ein Teilaspekt, und ich wage zu sagen: ein kleiner Teilaspekt eines äußerst komplexen Sachverhalts. Auch nach Einführung der Merz'schen Reformen hätten vom kleinen Selbständigen bis hin zum Großkonzern viele Steuerzahler nach wie vor große Mengen Papier mit vielen Zahlen darauf in Richtung Finanzamt bewegen müssen.

Dennoch konnte sich der Bierdeckel medial durchsetzen. Und das lag wohl an dem immensen Hunger nach konkreter Anschauung, den unser Alltagssprechen leidet. Offenbar ist der Grad sprachlicher Abstraktion, den die Komplexität zeitgenössischer Themen fordert, kaum noch zumutbar. In einem wahrhaft unerhörten Maße reden die Fachleute, wenn sie korrekt und präzise reden, an denen vorbei, die die Sache dringend und unmittelbar angeht. Kein Wunder also, wenn ein Wort wie Bierdeckel geradezu erfrischend wirkte. Es schloss zwar keineswegs die ganze Sache in sich, verbreitete aber die tröstliche Hoffnung, man könne das Komplizierte noch einmal einfach und das Abstrakte anschaulich machen.

So funktionieren bekanntlich Produktnamen. Als vor etwa dreißig Jahren die Firma VW sich mit einem neuen Allrounder aus dem Sumpf fuhr, in den sie nach dem Ende der Käfer-Ära geraten war, da hieß dieses Fahrzeug Golf. Erstaunlicherweise, denn Golf war damals ein Sport für die Happy Few und blieb es auch noch eine ganze Weile. Aber die Botschaft kam an, dass der nüchtern-sparsame Volkswagen nun von einem Fahrzeug abgelöst werde, das symbolisch für die Beteiligung breiter und breitester Schichten an Wohlstand und Luxus stehen sollte. Selten hat ein Name so prächtig funktioniert. Es soll ja sogar eine Generation Golf geben.

Der Bierdeckel war eine Zeit lang so ein Label. Und die braucht man jetzt auch in der Politik. Längst sind alle politischen Sachlagen viel zu differenziert, als dass man sie über ein einziges Parteiprogramm scheren könnte. Stattdessen muss alle 14 Tage die Parteilinie neu gefunden, wenn nicht gar erfunden werden. Und um das jeweilige Ergebnis solch mühsamer Prozesse in der Öffentlichkeit kommunizieren zu können, bedarf es eines schnellen und wirksamen Wortes, eben eines Labels.

Ich konnte deshalb nicht so recht böse auf den Bierdeckel und seine Popkarriere sein. Als Inhaber und Betreiber einer Ich-AG weiß ich zwar, dass mein Steuerkrams niemals auf einen Bierdeckel passen wird – aber als Autor sympathisiere ich unfreiwillig mit dem Versuch, das abstoßend Unübersichtliche in ein und mit einem Wort zu fassen. Zugegeben, dem Bierdeckel haftete ein Ruch von Demagogie an. Aber Demokratie heißt Mitreden-Können. Und der Weg aus der Stummheit führt ja häufig über einen Bierdeckel!

Lohn und Brot

Jemand schrieb mir, er höre in vielen Berichten oder Kommentaren zur Arbeitslosigkeit die Redewendung, man müsse alles tun, die Menschen wieder *in Lohn und Brot* zu bringen. Mit dem Aufruf selbst sei er einverstanden, aber nicht mit der Redewendung. Die klinge doch irgendwie falsch.

Da bin ich seiner Meinung. Der Ausdruck ist zunächst einmal hoffnungslos antiquiert. In Lohn und Brot stand man zu einer Zeit, als es üblich war, Menschen für ihre Arbeit nicht nur mit Geld, sondern auch in Naturalien oder durch das Gewähren von Unterkunft zu bezahlen. Brot und Bett aber waren keine arbeitnehmerfreundlichen Beigaben; tatsächlich banden auf diese Art und Weise die Herren ihr Gesinde an das Haus – im Guten wie im Schlechten.

Hier ist nun nicht der Ort, feudale Strukturen zu kritisieren, dafür haben wir die historischen Seminare. Fest steht aber, dass heute kaum einer, mag er auch noch so dauerhaft arbeitslos sein, sich wünschen wird, in Lohn und Brot und damit in die ökonomische Unmündigkeit zu geraten. Vielmehr möchte jeder für seine Arbeit so bezahlt werden, dass er nach seiner Fasson leben kann.

Warum dann aber die Vorliebe des Kommentar- und Berichtssprechens für diese altertümliche Redewendung? (Eine Vorliebe, die sich übrigens bequem per Google belegen und quantifizieren lässt.) Ist das vielleicht die Macht des Reims? Der ist zwar eigentlich keiner, aber Lohn und Brot klingen ähnlicher als manches reine Reimpaar. Und sie suggerieren vielleicht auf diese rein klangliche Art und Weise, dass der Lohn nicht bloß das ist, was unter dem jeweils nächsten Tarifvertragsmantel verschwindet, sondern Voraussetzung für das Lebenswichtige, ja für das Überlebenswichtige schlechthin. In der klanglichen Nähe von Brot, diesem bei aller Kürze wahrlich großen Wort in allen Sprachen, klingt Lohn anders als sonst. In der Nähe von Brot hat Lohn alles: das bloß Zweckmäßige der Löhnung und dazu das Pathos vom Lohn der Anstrengung.

Und daher verstehe ich alle, die (wenngleich unbewusst) zu dieser in puncto Sachverhalt ziemlich überholten und abgelebten Wendung greifen. Wer Menschen in Lohn und Brot bringen will, gemahnt damit an das Existenzielle, das die Arbeit für den Menschen bedeutet. Früher ging es dabei zumeist ganz handgreiflich um Brot. Heute geht es überdies um Arbeit als Voraussetzung für Selbstwertgefühl und Teilnahme an der Gesellschaft. Der Staat kann vielleicht verhindern, dass seine Arbeitslosen verhungern; die psychische und soziale Katastrophe der Arbeitslosigkeit jedoch ist mit Geld nicht wirkungsvoll zu lindern.

Oder verhält es sich ganz anders? Vielleicht steckt ja hinter der Verwendung dieser Sprachantiquität tatsächlich die (unbewusste) Sehnsucht nach Anstellungen, die etwas von der Innigkeit früherer Verhältnisse haben. Die Sehnsucht nach einer Zeit, da sich noch nicht alles Mögliche bequem outsourcen ließ und in der man zwar von der Herrschaft knappgehalten wurde, doch mit ihr unter einem Dach lebte und sich unentbehrlich machen konnte.

In Lohn und Brot sein: Das klingt wie die Alternative zu Job-Hopping, lebenslänglich lernen, Mobilität und Ich-AG. Ich fürchte sehr, es ist eine ökonomisch unrealistische und im schlechten Sinne romantische Alternative. Aber die Sprachpraxis zeigt, dass sie noch aus vielen spricht.

Rhetorische Inkorrektheit

Im Wildbad Kreuth trifft sich an jedem Aschermittwoch die CSU, um dem Ortsnamen entsprechend zumindest mit dem Munde unbändig zu sein und dem politischen Gegner mit Klartext zu begegnen. Man könnte vielleicht auch sagen: Die Veranstaltung ist dem immerwährenden Gedenken an die Rhetorik des seligen Landesvaters Franz Josef Strauß gewidmet. Man huldigt derart der großen alten Leitfigur *rhetorischer Inkorrektheit*. Also der allegorischen Figur einer Zeit, in der das Poltern, das Rüpeln, das Schimpfen, das Bramarbasieren und das Auf-die-Sahne-Hauen als Modi des öffentlichen politischen Sprechens noch ihren Platz oder immerhin ihre Reservate hatten.

Diese Zeiten sind natürlich längst vorbei. Der sogenannte Konsens der Demokraten (der ja mit schöner Regelmäßigkeit am Aschermittwoch in Gefahr gerät) besteht ganz wesentlich darin, stets und unter allen Umständen die strengen Regeln der politisch-rhetorischen Korrektheit einzuhalten: keine verbale Diskriminierung von Minderheiten, keine persönlichen Angriffe, keine Verletzung allgemein anerkannter politischer, sozialer oder historischer Werte und so weiter.

Nun melden sich immer wieder Menschen, die die Weichspülung des öffentlichen Redens bedauern oder gar vermuten, dass die politische Korrektheit nur dem allgemeinen Trend zur öffentlichen Heuchelei Vorschub leiste. Der Kritik würde ich mich manchmal gerne anschließen, zögere dann aber, nicht zuletzt weil man mir im osteuropäischen Ausland eindringlich klargemacht hat, wie wichtig es beim Aufbau einer demokratischen Kultur ist, den Betonköpfen aller Couleur rhetorische Maulkörbe zu verpassen.

Allerdings sehe ich auch, wie die politische Korrektheit gewisse Schäden anrichtet. Ähnlich einem Verdauungssystem, dem man das Ablassen übler und schädlicher Gase wegen der damit verbundenen unziemlichen Gerüche und Geräusche verbietet, droht auch der demokratische Körper unter den Regeln der Korrektheit eine Art mentaler Gastritis zu entwickeln. Die Folgen sind noch lange nicht erforscht. Möglicherweise rührt ja von hier das üble Aufstoßen radikaler Parteien über die Fünf-Prozent-Hürde.

In Bayern aber sorgt man einmal im Jahr für rhetorischen Durchzug. Das führt dann natürlich zu akustischen und olfaktorischen Behelligungen der politischen Gegner, hilft aber womöglich bei der Bewältigung des Alltags. Das Wildbad Kreuth ist ein rhetorischer Entsorgungspark, auf dem einmal im Jahr das immer wieder Heruntergeschluckte ausgestoßen und verklappt wird. Vielleicht sollte man dergleichen auch nördlich des Weißwurstäquators eröffnen.

Der heilige Dax

Ich habe es einmal probiert, vor ein paar Jahren auf einem Weihnachtsmarkt, am Ende der Schlange vor dem Bratwurststand. „Ach", habe ich einfach gesagt, ganz laut, „schon wieder ein halbes Prozent runter. Dabei wäre es doch so schön gewesen, wenn der DAX die magische Hürde von Brummelbrummel noch vor dem Fest genommen hätte. Schon im Interesse der Kleinanleger. Die könnten das wirklich brauchen."

Darauf drehte sich der Mann vor mir in der Schlange um. „Nur die Ruhe", sagte er, ohne einen Anflug von Erstaunen. „In der Start-up-Phase hat man die Unternehmen der Net-Economy nun einmal dermaßen drastisch überbewertet – da dauert es eben seine Zeit, bis alles sich wieder erholt hat. Das kennt man doch. Das pendelt sich auf lange Sicht wieder ein."

Es hatte tatsächlich funktioniert! „Und die T-Aktie?", fragte ich und hob einen Zeigefinger. „Die ist noch lange nicht in trockenen Tüchern."

Der Mann winkte ab. „Normal", sagte er. „Das Parkett reagiert nun einmal leicht verschnupft auf Großanschaffungen der Global Player; dabei sind die für ein weltweites Wachstum unbedingt vonnöten. Und wenn erst mal die Synergie-Effekte zu wirken beginnen, dann werden auch die Kurse –" Und er machte eine Handbewegung wie „abheben".

Ob er denn momentan tatsächlich investiere, wollte ich noch wissen.

„Ach nein", antwortete da der Mann. Er besitze gar keine Aktien. Er habe gebaut und zahle jetzt das Haus ab. „Na, Gott sei Dank", sagte ich. Und dann warteten wir weiter schweigend auf unsere Wurst.

Man kann dergleichen heute überall versuchen. Es klappt nicht immer, aber immer öfter. So wie man früher einen Wildfremden auf das momentane Wetter ansprechen konnte, so kann man ihn heute in ein Kurzpalaver über Börsenkurse verwickeln, selbst wenn er keine einzige Aktie besitzt. Wie kommt das wohl?

Die Frage beantworte ich gern. Es kommt daher, dass die Börsenkurse auch jener Mehrheit der Nicht-Aktienbesitzer als eine Art Vernehmlichwerden des Weltgeistes gelten, als ein letztes vollkommen universelles Sprechen. Und dazu als eines, in dem sich ein geradezu prophetischer Anspruch mit exaktester Faktizität paart. Verstanden? – Gut, dann hole ich eben etwas weiter aus.

Ein universelles Sprechen gab es schon einmal. Doch das ist lange her. Vor Zeiten sprach nämlich Gott, und er sprach heilige Worte. Diese Worte betrafen alle Menschen, allerdings waren sie meistens sehr allgemein gehalten oder aber etwas undeutlich formuliert. Jahrhundertelang las man das einzige Buch, in dem sie gesammelt waren, zog daraus viel Gesprächsstoff und führte bisweilen Kriege über die richtige Auslegung.

Doch dann verloren die göttlichen Texte Rang und Einfluss. An ihre Stelle traten die politischen Ideologien. Die wurden anfangs gern genommen, warfen aber das Problem auf, dass es ihrer viele verschiedene gab, weswegen man zu ihrer Durchsetzung noch viel größere und folgenreichere Kriege führte. Das ging etwa drei Generationen lang, dann wollte sich zumindest in Europa keiner mehr für die Allgemeinverbindlichkeit von Texten totschlagen lassen. Infolgedessen wurde alles privatisiert: insbesondere das Denken und das Reden. Bis schließlich vom allgemeinen Sprechen nur der Wetterbericht als Lieferant für den täglichen Gesprächstoff übrig blieb.

Doch jetzt ist Schluss mit diesem eklatanten Mangel an Verbindlichkeit. Denn nun gibt es die internationalen und überallhin verbreiteten Börsenkurse. Und an denen kann eine mittlerweile vollkommen aufs Ökonomische fixierte Weltgemeinschaft tagtäglich ihre hochverbindliche Realität ablesen. Und mehr noch, sie kann sogar aus den Zick-Zack-Linien der Kurse die Prophezeiungen für ihre Zukunft ziehen wie weiland die Seher aus dem Flug der Vögel oder aus den Eingeweiden geschlachteter Tiere.

Denn die Börsenkurse sind absolut und autonom. Niemand, den man persönlich kennen könnte, hat wirklich Einfluss darauf. Niemand macht etwas, niemand ordnet etwas an. Vielmehr sind Tausende namenloser Börsencomputer zwischen New York und Tokio miteinander vernetzt wie die Ganglienknoten in einem gewaltigen Gehirn, und die schuften Tag und Nacht an der Verarbeitung von digitalen Datenmengen, die sie behandeln, als seien sie die Wirklichkeit selbst, um sie, klug aufbereitet, an andere weiterzugeben, die von derselben Voraussetzung ausgehen und so weiter und so weiter, bis ein vollkommen selbstgenügsames System entsteht, dessen Resultate, die Börsenkurse, nichts anderes sein wollen als die schiere Wahrheit über die Erträge, Kapazitäten und Möglichkeiten unseres Planeten.

So sehe jedenfalls ich es. Und noch ein paar Millionen anderer Menschen auch. Und wer von denen an diesem neuen allgemeinen Sprechen teilhaben will, der muss gar nicht unbedingt Aktien besitzen und in Renditen schwelgen. Er kann ruhig arm sein, das schadet nicht. Aber er muss Börsianisch reden können, er muss das Esperanto des demokratischen Kapitalismus beherrschen wie weiland der Katholik das Messlatein. Das macht ihn zwar nicht reich. Aber es ermöglicht ihm, was vielleicht noch wichtiger ist als das Atmen und das Essen: das Mitreden.

Parkettgespräche

Als zu Weihnachten 2004 eine gewaltige Flutwelle ganze Küstenstriche in Asien verheerte und Hunderttausende Menschen tötete, da musste jedem klar sein, dass diese Katastrophe auch eine gewisse Wirkung auf die Weltwirtschaft haben würde. Touristenzentren waren vernichtet worden, ebenso das Vertrauen in die Sicherheit der Region. Internationale Reiseanbieter würden infolgedessen ihre Angebote verlieren, Luftfahrtgesellschaften ihre Kunden, und sicher wären noch viele andere Branchen betroffen.

Dennoch habe ich mich sehr darüber aufgeregt, als am Abend der Katastrophe zur allerbesten Sendezeit in mehreren sogenannten *Parkettgesprächen* die Reaktion der Börsenkurse auf die Flutwelle diskutiert wurde. Ich empfand das als respektlos.

Andere empfanden es als natürlich. Im Wohnzimmer der globalen Kapitalwirtschaft liegt ein Parkett, auf dem schonungslos zur Sprache kommt, was den Klein- oder Großanleger die jeweiligen Katastrophen kosten. Und die Wahrheit, so die Dichterin Ingeborg Bachmann, ist dem Menschen zumutbar. Nur Mimosen können sich verletzt fühlen, wenn, kurz nachdem es Hunderttausende von den Beinen gerissen hat, ein paar Männer und Frauen auf sicherem Parkett und mit beruhigendem Unterton in der Stimme mitteilen, dass die TUI nicht eingebrochen und die Lufthansa nicht abgestürzt ist, weil (ich zitiere aus der Erinnerung) an den Börsen momentan ein eher unaufgeregtes Klima herrschte. Nur Mimosen ertragen das nicht.

Man sollte aber keine Mimose sein. Sondern eher froh. Denn wenn schon der Planet die schlimmsten Risse hat, von denen aus Tod und Verderben über Tausende von Kilometern ziehen, so sollten wir glücklich darüber sein, dass wenigstens das Parkett solide ist. Man sagt diesem Bodenbelag sonst gerne nach, er sei glatt und also gefährlich. Beim Tsunami erwies sich das Gegenteil. Während in Südasien die See sich auftat, um Menschen und Länder zu verschlingen, bot das Börsenparkett einen sicheren Stand. Welch ein Trost.

Seit geraumer Zeit liest die Menschheit ihr Schicksal nicht mehr aus dem Flug der Vögel, sondern aus den Bewegungen der Börsenkurse. Und offenbar können uns Dax und Dow Jones und Nikkei nicht nur in Gelddingen weissagen; sie wissen auch, ob die letzten Tage anbrechen oder ob die Erde noch einmal davonkommt. Als die Twin Towers in New York einstürzten, zogen sie die Kurse der benachbarten Wall Street mit sich zu Boden und ließen mit den Menschen das Geld verbrennen. Da brach auch das Parkett ein. Doch als Hunderttausende in Asien starben, durften wir zwei Minuten vor der Tagesschau vernehmen, dass die Tsunami-Welle die Börsen nicht erreicht hatte und das Parkett stabil geblieben war. Es war, auch wenn es so ausgesehen hatte, nicht die Sintflut! Das Parkett hatte sich nicht gehoben.

Und wie gesagt: Nur Mimosen können sich von derart guten Nachrichten verletzt fühlen.

Verderbliche Wörter

Bevor der moderne Mensch etwas aus der Dose oder dem Becher isst, schaut er nach. Ist vielleicht durch ein Versehen das Verfallsdatum überschritten? Ja? Na, dann essen wir jetzt etwas anderes.

Wörter besitzen eigentlich kein Verfallsdatum. Wörter sind wie Möbel aus Eiche. Solange man einigermaßen gut mit ihnen umgeht, halten sie durch. Natürlich werden manche von ihnen im Laufe der Zeit unmodern, aber das macht nichts: Man stellt sie einfach für ein paar Jahrzehnte auf den Speicher; dann kommen spätere Generationen, blasen den Staub herunter und finden alles todschick. Kleines Beispiel gefällig? Geil hieß im Mittelalter prächtig und fruchtbar, dann hieß es eine Zeit lang etwas Unanständiges, und jetzt heißt es nach einem kurzen Auftritt als Tabuverletzer nur noch: überdurchschnittlich, angenehm, begrüßenswert.

Leider aber gehen wir, und das zunehmend, mit unseren Wörtern sehr viel schlechter um als mit unseren Eichenmöbeln. Zuerst waren es die Ideologien, die durch eine permanente Indienstnahme der Wörter für die Zwecke der Demagogie ganze Partien der Lexika unbrauchbar machten. Mit dem Deutschen ist dabei besonders arg Schindluder getrieben worden. Hierzulande kann man nicht einmal das Substantiv zum Verb führen noch problemlos benutzen, so sehr ist dieses an sich unschuldige Wort missbraucht worden. Ähnlich Schlimmes ist Heimat und Ehre zugestoßen.

Nun hätte man vor etwa 15 Jahren, beim mehr oder minder stillen Ende der Ideologien, hoffen können, jetzt würden sich all die beschädigten Wörter allmählich wieder erholen. Tun sie auch, jedenfalls manche von ihnen. Aber leider hat inzwischen ein anderer Wortbeschädiger seine Arbeit aufgenommen, und verglichen mit dem sind selbst die aggressivsten Ideologien das reinste Wortweichspülprogramm.

Nein, ich meine jetzt nicht nur die Werbung. Ich meine vielmehr uns alle, die wir täglich Hekatomben an veröffentlichtem Sprechen produzieren, das mittlerweile schwer, sehr schwer auf der Sprache liegt und dabei eine stetig zunehmende Zahl an Wörtern schlussendlich plattdrückt.

Beispiele? Gerne, und zwar gleich im Paket: *Wissenschaftliche Tests, Experten* und *Berater*. Das sind Wörter, die man zwar politisch ungestraft noch verwenden kann, von denen man aber längst weiß, dass sie vollkommen ausgequetscht sind und infolgedessen bestenfalls nach nichts mehr schmecken, schlimmstenfalls nach Betrug.

Wissenschaftliche Tests: Das war einmal die Sigle für die Tauglichkeitsprüfung der Dinge in der Moderne. Jetzt dümpelt das Wort in der Zahnpastawerbung vor sich hin. Experten: So nannte man einmal die Fürsten des Zeitalters der Arbeitsteilung. Jetzt ist der Titel so oft vergeben, dass er so ungeschützt ist wie Privatgelehrter oder Lebenskünstler.

Und schließlich: Berater. Wie schwierig ist es, den fernen, edlen Klang des Wortes zu erinnern! Man sollte die Augen schließen und es wenigstens versuchen: die Berater des Königs; der junge Monarch im Kreise seiner Berater; sein ältester Lehrer war sein bester Berater und so weiter und so weiter. Dabei Brokat an den Wänden, im Hintergrund Musik von Händel oder Bach.

Aber auch das Wort Berater wird gerade wenn nicht gemordet, so doch auf Jahre hinaus mundtot gemacht und aus der Sprache exiliert. Aus einer Reihe individueller Verfehlungen von Politikern destilliert die skandalverliebte Sprachgemeinschaft Schlagwörter des Bösen. Unternehmensberater: pfui! Beratungsunternehmen: bitte nein! Und schließlich und endlich Beratervertrag: igitt! Ein wahres Unwort. Eine Sigle für allen Verderb und alles Misslingen in Politik und Wirtschaft.

Was ist zu retten? Ist überhaupt etwas zu retten? Kann ich das Wort Berater vielleicht so weit abwracken, bis nur noch der Rat übrig bleibt, den ich mir holen kann und der vielleicht, entgegen aller Erwartung, auch einmal ein guter sein könnte? Ich möchte das so sehr hoffen. Aber ich fürchte, wir werden alle Sprachverwandten des Rats zu den Altwörtern auf den Speicher stellen und späteren Generationen anvertrauen müssen. Während wir selbst immer unmöblierter werden. Und immer ratloser.

Das Transparind

Einmal habe ich mich gefreut. Ich stand in einem der nerv-tötenden innerstädtischen Staus auf der Linksabbiegerspur und musste mich gerade mit dem Umstand anfreunden, dass während der nächsten Grünphase wahrscheinlich nur der duss-lige Riesen-LKW vor mir es über die Kreuzung schaffen und ich noch eine weitere endlose Rotphase würde ertragen müs-sen. Das geschah auch so. Aber als ich den LKW, in dessen Heckbeschriftung ich mich bereits seit einer Viertelstunde ver-tiefen durfte, zum ersten Mal von der Seite sah, da habe ich mich sehr gefreut.

Da stand nämlich, in wirklich sehr großen Buchstaben: TRANSPARIND. Das TRANSPA in roten, das RIND in grünen Buchstaben. Oder umgekehrt. Aber das ist egal – ich erkannte die Absicht und war dennoch nicht verstimmt.

Man muss das wohl nicht ausführlich erklären. Das Trans-parind ist natürlich dasjenige zum Verzehr durch den Menschen bestimmte Tier, dessen Herkunft, Abstammung, Aufzucht, Er-nährung, medikamentöse Versorgung und wahrscheinlich auch dessen manische oder depressive Pubertätsschübe so exakt do-kumentiert sind, dass man sie im Bedarfsfalle jederzeit abrufen und einsehen kann. Das Rind ist eben transparent. Man kann beim Wirt um die Ecke sein Wiener Schnitzel, so man ihm (dem Schnitzel) nicht traut, einfach umdrehen: Drunter steht dann, was der gesundheitsbewusste Schnitzelfreund wissen muss, damit es ihm wirklich schmecken kann.

Das Transparind. Seitdem ich es kenne, muss ich mir per-manent vorstellen, wie es geboren wurde. Dabei meine ich nicht seine Vorgeschichte von Rinderwahn und anschließen-dem Rinderwahn-Wahn, in deren Verlauf unser gutes altes Landwirtschaftsministerium aufgelöst und aus dem Ministerium für Bauernschutz eines für Verbraucherschutz gemacht wurde. Nein, ich meine die weniger öffentliche Geschichte der Geburt des Transparinds aus dem Geiste einer deutschen Werbeagentur.

Denn einer muss sich das ausgedacht haben! Überlebensgroße Beschriftungen entstehen auf LKW nicht wie weiland die Schrift an der Wand. Da braucht es zumindest einen Texter, einen Grafiker und einen Agenturchef, der die ganze Chose dem Kunden verkauft. Und den Kunden braucht es auch, der sagt: „Prima, das machen wir." Worauf man die Maler bestellt.

Und da wäre ich gerne dabei gewesen. Insbesondere in dem Moment, da alle Beteiligten sich gegenseitig freudig auf die Schultern klopften. Das transparente Rind! Mensch, Donnerwetter, das ist doch glatt das Transparind. Das Transparind! Tolle Idee. Heureka. Jetzt wird alles gut.

Allerdings – gefreut hat mich nicht nur die Vorstellung von der Geburt einer der putzigsten Wortschöpfungen, die ich jemals gehört oder gelesen habe. Mehr noch hat mich die Gewissheit gefreut, dass auch das Transparind demnächst durch den Wortfleischwolf gedreht wird. Und ich glaube sogar, dass, noch bevor der Schriftzug vom LKW gekratzt ist, alle Väter und Mütter und Ziehonkel dieses Wortwolpertingers sich ihrer Schöpfung schämen werden. Sie werden es nicht lieben, auf ihr Transparind angesprochen zu werden; und wenn doch einer sie necken will, so werden sie sagen „That's showbiz" bzw. „Einer muss den Job halt machen".

Die allermeisten Wortneuschöpfungen aus Marketing und Werbung verschwinden so schnell, wie sie entstanden sind. Die Sprache ist geduldig, sie ist leidensfähig, und manchmal ist sie sogar ein bisschen unaufmerksam. Aber sie ist auch kräftig genug, die lästigsten Störenfriede und Klamaukmacher wieder hinauszuwerfen.

Shopbar

Einmal dachte ich, ich könnte es. Nämlich ein Wort im Keim ersticken, pardon, es an seiner Ausbreitung hindern. Ich sah eine ungeheure Chance. Vielleicht gelänge es mir, zum Beispiel mit einer Unterschriftensammlung, dem Wort das Visum in die Alltagssprache zu verwehren. Es schien noch schwach, hatte auffallend wenige Einträge in den großen Suchmaschinen, ich glaubte sogar, den Herd seines Entstehens genau benennen zu können. Mit anderen Worten: Ich hatte Anlass, mich zu überschätzen.

Worum ging es? Um das Wort *shopbar*. Eine Agentur hatte für die City einer deutschen Großstadt (Name bleibt ungenannt) ein Konzept zur Belebung des Wochenendeinkaufs erarbeitet. Und dazu hatte sie, so ihre eigenen Worte, „Erlebnisse, die shopbar" sind, konzipiert und realisiert.

Ich erinnere mich noch gut an meine erste Wahrnehmung. Shopbar – gebaut nach dem Muster von dankbar, haltbar und sonderbar. Das klang nicht gut. Und es befremdete sehr. Worum ging es? Ich stand vor einem Rätsel. Shopping-Erlebnisse kannte ich aus der Werbung. So nennt man alles, was beim Einkaufen über die schiere Bedürfnisbefriedigung hinausgeht. Aber was sind shopbare Erlebnisse?

Sind das vielleicht Erlebnisse, die man haben, dabei aber in Ruhe weiter einkaufen kann? Vielleicht fühlen sich die Marktbesucher ja bereits zunehmend von den traditionellen Erscheinungsformen des Marketings gestört, und der neue Trend geht dahin, sie beim Einkaufen weniger zu behelligen? So könnte ganz dezent ein Schlangenbeschwörer vor dem Handtaschenladen stehen, ein Feuerspucker vor dem Delikatessengeschäft oder ein Jongleur vor der Bank. Sind das dann shopbare Erlebnisse?

Oder ist tatsächlich gemeint, dass das Erlebnis shopbar im Sinne von käuflich ist? Also Panflötengruppen, die ihre Musik gleich auf CD anbieten. Lyriker, die im Schaufenster sitzen und dem vorbeieilenden Käufer auf Zuruf und gegen Zeilenhonorar exklusiv etwas dichten. Oder was?

Ich wusste es nicht. Bei shopbar ließ mich meine Fantasie im Stich. Das Wort malte mir einen weißen Fleck in mein Bewusstsein, und zugleich drohte es mir, sich eben dort auszubreiten, mit welchen Inhalten und Bedeutungen auch immer. Das Transparind (das transparente Rind) hatte ich noch gut verdauen können, das war einfach zu albern, um überleben zu können. Shopbar allerdings mochte grauenhaft klingen, doch es war alert, stromlinienförmig und agenturtauglich, so dass ich ihm leider die besten Chancen zugestehen musste, demnächst so selbstverständlich zu sein wie andere Auswüchse der Marketingsprache.

Seit meinem ersten Kontakt mit shopbar und meinem öffentlichen Aufruf dagegen sind jetzt drei Jahre vergangen. Regelmäßig habe ich die Suchmaschinen wie Orakel befragt. Und ihre Antworten waren orakelhaft: Eine Steffi lädt zu Getränken in ihre Shopbar ein. Ach so. Man muss den shopbar klicken, um in den Internetladen zu kommen. Verstehe. Shopbar.com ist der größte Anbieter weltweit von Diesemundjenem. Von mir aus.

Aber solch harmlose Eindeutigkeiten konnten mich bislang nicht beruhigen. Denn zwischen ihnen finde ich shopbar immer wieder in jener mir rätselhaften, vagen Bedeutung. Mir scheint, das Wort ist zäh. Es sucht noch, gewissermaßen nach sich selbst. Und es arbeitet wie ein meisterhafter Taschendieb: Man kann es nicht fassen, kann es nicht aufhalten; man kann nur hoffen, dass es nicht imstande ist, anderen Wörtern genug an Bedeutung zu stehlen, um sich daraus eine eigene basteln zu können. Kampagnen sind sinnlos. Man kann nur aufmerksam sein. Notfalls muss man die gefährdeten Wörter mit Sicherheitsnadeln im Kopf befestigen.

Und – ja!

Wer sich mit Phrasen befasst, läuft Gefahr, an Verfolgungs-
wahn zu leiden. Ich selbst habe eine Art Tinnitus im Ohr, der
sich jedes Mal meldet, wenn ich Radiogespräche zwischen Mo-
deratoren oder Journalisten auf der einen und Hörern oder Pas-
santen auf der anderen Seite höre. Dieser Tinnitus ist äußerst
enervierend, nicht zuletzt weil er auf einen immer wiederkeh-
renden Doppelton gestimmt ist. Und der kommt so zustande:

Der Moderator fragt zum Beispiel den Hörer, der am Frei-
tagmittag in einem kleinen Quiz 100 Euro gewonnen hat, was
er und die Seinen denn am kommenden Wochenende mit diesem sagenhaften Geldsegen anstellen werden. Der Hörer am
anderen Ende der Telefonleitung ist freilich noch so überrascht
von dem Umstand, als Erster zum Sender durchgekommen zu
sein, dass ihm die Fähigkeit zur entspannten Konversation
fehlt. Außerdem ist der Hörer im Brotberuf nicht Radiomode-
rator, wird also nicht dafür bezahlt, auf Kommando rasch eine
Menge Nettes runterzusagen. Infolgedessen sollte (und könnte)
der Hörer sich mit Sätzen wie „Weiß ich noch nicht" oder „Na,
schaun wir mal" unbeschädigt aus der Affäre und aus der Lei-
tung ziehen – aber genau das tut er nicht!

Er sagt stattdessen: „Wir – äh – schlafen erst mal lange, dann
frühstücken wir, und – ja!" Ende der Durchsage.

Und – ja! Hören Sie doch bitte in Zukunft einmal genau
hin, wenn es solche Gespräche gibt. (Und es gibt sie ja dauernd.) Und – ja! Gefolgt von einem verschämten Lachen.
Und – ja! Ein Kichern. Und – ja! Schluss.

Ich weiß, das ist eine Kleinigkeit. Das ist die Spitze der Klei-
nigkeiten. So zu reden schadet nun wirklich niemandem. Die
meisten Leute sind halt, wenn sie unversehens auf Sendung
sind, nicht nassforsch genug, unspektakuläre Wahrheiten wie

„Weiß ich nicht" zu sagen. Basta. Und außerdem: Was zum Teufel hat das durch und durch entschuldbare Gestotter der Radiohörer mit der Wirtschaftssprache zu tun?

Ich sage es gern. Denn wenn man erst einmal so einen Tinnitus hat, dann hat man auch Anlass genug, über seinen Ursprung nachzudenken. Und ich glaube, es rührt vom allgegenwärtigen und durch Werbung und Marketing potenzierten Zwang zu Fülle und Überfülle her, dass der mitten in seinem Leben ertappte sogenannte Mann auf der Straße sich selbst und sein Leben unbedingt in einer bestenfalls niemals endenden Aufzählung des Großartigen darstellen will. Mein Haus und mein Pferd und mein Auto. Und was man am nächsten Wochenende macht? Natürlich reiten und segeln und surfen und grillen und skaten und chillen und brunchen und lunchen. Und – und – und!

Aber leider reicht es in den allermeisten Fällen nicht über das erste „und" hinaus. Vielleicht aus finanziellen Gründen. Oder weil das real existierende Menschenleben überhaupt ganz anders aussieht als ein Werbeclip für das Glück auf Visa-Card. Weil das real existierende Leben vor sich hin brummelt und wackelt. Weil die meisten Leute froh sind, nicht dauernd über den nächsten Schritt nachdenken zu müssen. Oder weil eine der am meisten verbreiteten Lieblingsbeschäftigungen noch immer das Nichtstun ist, aufs Engste verbunden mit dem Denken an nichts Bestimmtes.

Darüber aber darf man öffentlich nicht reden. Das Ideal des Lebens in fortgeschrittenen Konsumzeiten ist nicht seine Erfüllung, sondern vielmehr seine Füllung: mit dem und dem und jenem und so weiter. Um so peinlicher trifft daher die Erkenntnis, dass schon nach dem zweiten „und" ein Abgrund gähnt. Weswegen mit schrecklicher Regelmäßigkeit dieses fröhliche „ja" folgt, das klingt wie „Ja, Sie wissen schon!" und dabei bedeutet: „Ja, was weiß denn ich!"

Und – ja. Man könnte darüber hinweghören. Aber mein Tinnitus lässt mich jedes Mal dies hören: den locker verzweifelten Ausdruck der Überforderung des Menschen durch den Anspruch, sich selbst jederzeit in einen Konsumrauschgoldengel verwandeln zu können.

Und – ja! Es täte mir übrigens ehrlich leid, wenn Sie das demnächst auch nicht mehr aus dem Ohr kriegen sollten.

Ertragswinkel

Einmal sah ich eine Werbung und empfing von ihr zwei Botschaften, eine gute und eine schlechte. Der Tradition entsprechend die schlechte Nachricht zuerst: Wir sind an allem selber schuld. Jawohl! Seien es Produktivitätsverlust, Einkommenseinbußen oder Arbeitslosigkeit – nichts davon ist gottgewollt oder der bösen Globalisierung geschuldet. Nein, wir könnten das alles besser machen, wenn wir nur wüssten, wie.

Und jetzt die gute Nachricht: Ab sofort können wir es wieder besser machen. Das Geheimnis ökonomischen Erfolgs ist nicht länger mehr eines, im Gegenteil! Denn dies verriet mir die Werbung der Deutschen Bank: Wir müssen bloß den *Ertragswinkel* steigern!

Wer es nicht gesehen hat, dem gebe ich gerne ein bisschen Nachhilfeunterricht. Man denke sich ein Gewinn-Koordinatensystem, auf dem die X-Achse (waagerecht) die Zeit und die Y-Achse (senkrecht) den Gewinn anzeigt. Und dann frage man sich: Welche Figur machen in diesem System meine Erträge? Bilden sie eine waagerechte Gerade? Oder eine Wellenlinie? Das wäre beides falsch. Denn laut Deutsche Bank darf die Ertragsfigur zwar eine Gerade sein, die aber muss nach oben führen – und zwar dergestalt, dass das gesamte Koordinatensystem durch einen launigen Zufall genau so aussieht wie das hauseigene Logo!

Aber das alleine bringt's noch nicht. Jetzt muss man nämlich hingehen und, ich zitiere, den Ertragswinkel steigern. Das ist zwar von der Deutschen Bank ein bisschen lässig formuliert, denn man kann nun mal keine Winkel steigern; aber ich will nicht beckmesserisch sein. Es heißt ja auch einfach nur, unten an der Geraden kräftig zu drücken, damit der Winkel zwischen ihr und der X-Achse stumpfer und gleichzeitig der zwischen ihr und der Y-Achse spitzer wird. Die Gerade zeigt somit steiler in den Himmel, und siehe: Man verdient im Laufe der Zeit sehr viel mehr Geld. Wie wunderbar!

Wer sich jetzt fragt, wie es kommt, dass ein seriöses Geldinstitut wie die Deutsche Bank sich für wahrscheinlich sehr viel Geld einen so ausgemachten Blödsinn von Werbung hat präsentieren und verkaufen lassen, dem sage ich: Man frage nicht! Natürlich ist das hanebüchener Unsinn. Aber andererseits ist es doch sehr aufschlussreich, die Deutsche Bank dabei beobachten zu dürfen, wie sie ausgerechnet für ihr knallhart kalkuliertes Geldgeschäft mit allerlei Geraune und durch das Vorführen geometrischer Wunderheilertricks zu werben versucht.

Den Ertragswinkel steigern! Das mag, pardon, Quatsch mit Soße sein; aber wäre es nicht irgendwie beruhigend zu wissen, dass auch in den Fluren der Deutschen Bank mehr geunkt und gemurmelt und besprochen als gerechnet wird? Vielleicht wird dort sogar gesungen; und gerade beim Lied zählen Stimmung und Innigkeit mehr als der genaue Wortlaut. Weinen wir nicht manchmal gerührt beim Klang von Liedern, deren Texte wir gar nicht kennen wollen?

Deshalb sage ich kein schlechtes Wort über den Ertragswinkel. Sondern gehe hin und steigere ihn. Halleluja.

Dachbodenfund

Es gibt die Marktforschung. Sie fragt Leute, was sie vom Produkt X halten oder ob sie das Produkt Y kaufen würden oder was es überhaupt geben sollte, wenn sie zu bestimmen hätten. Solche Umfragen werden dann für die Hersteller ausgewertet, damit die in Zukunft noch besser über ihre Kunden Bescheid wissen.

Leider gibt es ein Problem bei der Marktforschung. Die Befragten lügen nämlich. Ich weiß das; ich lüge ja auch, und sogar besonders schamlos, wenn ich am Telefon überfallen und über meine Konsumgewohnheiten ausgefragt werde. Aus dem Stegreif erfinde ich dann Vorlieben, vor denen mich selbst schaudert, oder behaupte, massenhaft Sachen zu kaufen, die ich nicht einmal geschenkt nähme. Es macht einfach Spaß zu lügen, wenn man keine Strafe fürchten muss.

Allerdings empfinde ich mittlerweile eine gewisse Verpflichtung zur Wiedergutmachung gegenüber der Marktforschung und möchte ihr daher einen wirklich sehr guten Hinweis geben, wie man viel einfacher ins Herz des Verbrauchers schauen kann. Vorausgesetzt natürlich, man ist stark genug, um auch ertragen zu können, was man dann sieht. Dabei ist dieser Blick ins Herz besonders einfach; der Blick ist quasi ein Klick: www.ebay.de.

Ebay ist das wohl populärste Kind der Net-Economy: der elektronische Trödelmarkt im Internet, in dem jeder jedem alles und jedes zu verkaufen versucht. Tausende Menschen mutieren da tagtäglich zu Gebrauchtwarenhändlern mit eigener Werbeabteilung. Wer in die Seele des zeitgenössischen Konsumenten schauen will, braucht sich daher nur durch die Angebotstexte zu klicken. Ich selbst mache das häufig und könnte jetzt ganze Bündel ökönomisch-sozialpsychologischer

Erkenntnisse mitteilen. Aber ich zügle mich und beschränke mich auf ein zweiteiliges Paradoxon.

Erster Teil des Paradoxons: Die höchste Qualität, die heute einem Produkt zugesprochen werden kann, ist der Umstand, dass man es praktisch für nichts bekommt. Wie sonst könnten Tausende von Anbietern im Ebay auf die Idee verfallen, ihre Güter als Schnäppchen oder zum Schnäppchenpreis anzubieten – obwohl die Sachen doch im Zuge einer Auktion versteigert werden, an deren Beginn natürlich niemand wissen kann, wie viel sie am Ende einbringen. So groß ist offenbar bereits die allgemeine Fixierung auf den (kleinen) Preis, dass selbst die Logik vor ihr kapitulieren muss.

Zweiter Teil des Paradoxons: Wenn dann aber einmal von der Qualität und nicht nur vom (kleinen) Preis die Rede ist, dann rangiert ganz weit oben unter den Beschreibungen die knappe, aber emphatische Versicherung, es handle sich um einen *Dachbodenfund*. Das ist zwar oft genug eine Beschönigung für Krempel oder Gerümpel, aber immer drückt sich darin der Wunsch nach einer quasi wunderbaren Herkunft der wertvollen Dinge aus. Dachbodenfund ist die Metapher für den Besitz, den man nicht durch mühevolle Arbeit erwirbt, sondern als nebenberuflicher Schatzsucher irgendwo entdeckt.

Und jetzt das ganze Paradoxon: Tatsächlich werden im Ebay immer wieder Dachbodenfunde zum Schnäppchenpreis angeboten! Und das ist doch ein klassischer Fall von Selbstaufhebung: Gerade per Zufall als wertvoll erkannt, wird die Sache gleich wieder zum kleinen Preis angeboten.

Ebay ist die Lieblingsspielwiese des ökonomischen Alltagsbewusstseins. Und in seiner Mitte steht als allegorische Figur des zeitgenössischen Konsums ein Zwitterwesen: Halb ist es ein Verkäufer, der nichts hergestellt hat, und halb ein Käufer, der nichts bezahlen will.

Und daraus kann die Marktforschung jetzt allerhand lernen.

Racker-Wochen

Gerne würde ich einmal einen ganz persönlichen Preis für eine besonders gelungene Rabattkampagne vergeben. Die Aufgabe würde lauten: Wer verbirgt den Umstand, dass er seine Ware auf Teufel komm raus und notfalls auch unter dem Herstellungspreis losschlagen muss, durch die lustigste, bunteste und zugleich kreativste Kampagne?

Für diesen Preis, den ich leider nicht den Marktschreier-Preis nennen dürfte, weil es einen Preis mit diesem Namen schon gibt, hatte ich einmal einen Favoriten. Oder, wenn ich ehrlich sein soll, es war eine bestimmte Kampagne, die mich auf diesen Preis erst kommen ließ. Ein Hersteller von Kraftfahrzeugen warb damals mit einem marketingstrategisch überzeugenden und zugleich gesellschaftspolitisch sehr sinnvollen Rabattangebot. Man bekam dort nämlich beim Kauf von Großraum- oder Familienautos einen nach der Zahl der leiblichen Kinder gestaffelten Rabatt. Und da man, wie die Älteren sich vielleicht noch erinnern, kleine Kinder früher Racker nannte, trug diese Rabattaktion den Namen *Racker-Wochen*.

Herzlichen Glückwunsch! Das Angebot passte gut in den Trend, kinderreiche Familien zu entlasten (also solche ab 1,3 Kinder pro Partnerschaft). Statt immer ein Kind zu Hause lassen oder in der Dachbox mitschmuggeln zu müssen, kann die Großfamilie verbilligt ein Großfamilienauto kaufen, in dem die bislang überzähligen Kleinen mit der Nase nach rückwärts im Kofferraum sitzen und bei Staus stundenlang den hinter ihnen stehenden Fahrern zuwinken können.

Allein, dafür hätte es noch nicht meinen schönen Preis gegeben. Hinzu kam die entsprechende Radiowerbung. Dort schlug eine offenbar alte Frau (das hörte man an der brüchigen und quäkenden Stimme) ihrem ebenfalls alt klingenden Mann vor, man solle doch noch Kinder bekommen, am besten zwei oder drei. Der alte Mann hegte zwar starke Bedenken, die von der biologischen Unmöglichkeit dieses Ansinnens herrührten. Aber die alte Frau blieb – natürlich wegen der Racker-Wochen! – bei ihrem Vorhaben. Sogar den Führerschein wollte sie noch machen.

Wer jetzt meint, das sei doch gar nicht lustig, bunt und kreativ, sondern zynisch und allenfalls im negativen Sinne preisverdächtig, der sollte seinen inneren Moralisten besser an die kurze Leine legen. Denn hier handelt es sich nicht nur um eine witzige, sondern auch um eine gesellschaftlich hochengagierte und sozial relevante Werbung. Sie macht nicht nur Radau um verbilligte Bullis, sie thematisiert auch subtil die Verarmungsgefahr, die nach dem Verfall der sozialen Sicherungssysteme insbesondere den kinderlosen Alten droht. In diesem Werbespot wird heraufbeschworen und zugleich empfohlen, was wir vor Kurzem noch überwunden glaubten: Kinderreichtum als die beste Alterssicherung von allen.

Und jenseits der Racker-Wochen erkennen wir unsere Zukunft. Am Eingang jedes Warenhauses wird man die Alten fragen, was ihrer Lenden Kraft einmal fürs Sozialsystem geleistet hat; je nach Antwort wird man sie in die Rabattskala einreihen. Null Kinder: voller Preis; ab zehn Rackern: alles umsonst. Daher stehe ich zu meiner Überzeugung: Weil sie diese Vision in unseren Bewusstseinsalltag eingeschleust haben, hätten die Racker-Wochen meinen Preis verdient.

Und vielleicht nenne ich ihn „Die goldene Ohrfeige".

Außergewöhnliche Ansprüche

Als regelmäßiger Hörer eines westdeutschen Radiosenders hatte ich eine Zeit lang dauernd einen Satz im Ohr. Es war ein Satz aus der Werbung für ein skandinavisches Automobil. Eine sympathische Frauenstimme sagte ihn; und wenn sie zu reden begann, wusste ich immer genau, wie sie enden würde. Es war kein spektakulärer Satz, als Ohrwurm eher einer von der langweiligen Sorte. Ich dachte auch gar nicht darüber nach. Damit begann ich erst, als seine Werbezeit abgelaufen war. Doch da war ich mir des genauen Wortlautes nicht mehr sicher. Und der Satz war weg, so wie Abertausende anderer Sätze, mit denen uns das öffentliche Sprechen von Markt und Wirtschaft tagaus, tagein in immer neuen Wellen überzieht wie das Meer den Strand und die dann genauso folgenlos wieder verschwinden.

Allein, dieser Satz fehlte mir! Denn ich musste unbedingt wissen, ob er wirklich so lautete, wie ich ihn im Ohr hatte. Was ich erinnerte, war: *Gut zu leben ist eine Frage der Erfüllung außergewöhnlicher Ansprüche.*

Und das geht doch nicht! Das kann doch nicht sein! Das hieße doch, dass ein gutes Leben nur möglich ist, wenn ich mir, lax gesagt, Dinge leisten kann, die sonst nicht jeder kriegt. Es soll also, in diesem Falle, nicht einfach ein Auto sein, das prima fährt, sondern eines, dem die allermeisten neidvoll hinterhergucken, weil sie es sich wie alles andere Außergewöhnliche nicht leisten können. Ein gutes Leben ist also folglich nur möglich, wenn andere keines haben. Ja, es braucht ganz dringend die vielen „gewöhnlichen" Menschen, damit die anderen gut leben können.

Wenn dieser Satz tatsächlich so lautete, dann trat er alle Ideale, die in den letzten Jahrhunderten Religion, Philosophie und Politik aufgestellt haben, mal eben in den Eimer. Sind wir nicht der Idee gefolgt, dass möglichst viele, am besten aber alle ein gutes Leben führen sollten? Steht nicht in allen moderneren Gesetzen, in unserem Grundgesetz zumal, dass ein gutes Leben allen zusteht, ja dass man überhaupt nur dasjenige ein wahrhaft gutes Leben nennen darf, an dem alle teilhaben können?

Und dann kommt so ein Auto-Satz und wischt mal eben ein paar Jahrhunderte humanistischen Denkens schnöde beiseite. Zugegeben, ich habe nichts gegen Luxus. Und ich sage auch nichts gegen die, die ihn rechtmäßig erworben haben und ihn freudig genießen. Verachtenswert aber finde ich diese Glücksdoktrin einer Ellenbogengesellschaft: Es gibt kein gutes Leben im Gewöhnlichen! Es reicht nicht, wenn es dir gut geht; den anderen muss es schlechter gehen. Basta. Nur der Blick herab auf die, die am Außergewöhnlichen nicht teilhaben können, ist ein glücklicher Blick.

Aber das kann ja nicht sein! Das können die Werbeleute nicht gemeint haben, als sie dem Auto aus dem sympathischen und für seine soziale Einstellung bekannten skandinavischen Land einen schmucken Werbesatz auf die Kühlerschnauze drückten. Unmöglich! Das hätte doch auffallen müssen! Und infolgedessen haben sie es natürlich auch gar nicht gesagt. Wahrscheinlich haben sie gemeint: Gut leben heißt, sich gelegentlich was Schönes zu gönnen. Oder so. Und dann haben sie etwas Ähnliches formuliert.

Und der Schurke – bin wahrscheinlich ich. Ich war es wohl, der, während er ihn mantramäßig wiederholte, aus einem harmlosen Werbesatz eine diskret-satanische Parole machte. Vielleicht geschah das, weil ich unterschwellig schon ein Faible für Unheilszeichen habe, vielleicht war auch eine ganz normale Depression vor den Feiertagen dafür verantwortlich. Ich nehme gerne alle Schuld auf mich.

Sollte freilich jemand den skandinavischen Auto-Satz noch besitzen, gedruckt, aufgeschrieben oder genauer erinnert als ich, so lasse er ihn mir bitte zukommen. Ich hätte doch gerne Gewissheit.

Rabattschlacht

Es gehört zum eher langweiligen Tagesgeschäft der Sprachkritik, auf Begriffe und Wendungen aufmerksam zu machen, in denen unnötigerweise Militärisches oder gar Kriegerisches erscheint. Zudem kann man über die allgemeine Verpflichtung auf einen rhetorischen Alltagspazifismus so oder so denken. Manchmal ist es vielleicht übertrieben, Wörter wie Angriff, Verteidigung oder Stellung unbedingt durch garantiert weichgespülte Vokabeln zu ersetzen. Ich rate allerdings jedem, der weit aufgerollte Redehemdsärmel für nicht so schlimm hält, einmal dorthin zu gehen, wo die Verpflichtung zur Sprachkorrektheit aufgehoben ist: zum Beispiel in gewisse Fanblocks oder gewisse Lokale. Ich vermute, er wünschte sich dann bald sehr dringend, es hielten sich alle an den korrekten Sprachgebrauch. Denn wo Gewalt in Form von Schallwellen in der Luft liegt, da entsteht die Sorge, sie könnte sich gleich in Handgreiflichkeiten realisieren.

Dieser Vorspruch soll erklären, warum ich davor warnen möchte, den Begriff *Rabattschlacht* weiterhin vorn auf den Titelseiten oder vorn im Mund zu führen. Es ist zwar ein marktwirtschaftlich vollkommen normales Verhalten, durch scharf und knapp kalkulierte Preise Kunden anziehen und Konkurrenten aus dem Rennen werfen zu wollen (auch eine aggressive Metapher!). Aber ist es denn wirklich nötig, dieses saisonale oder zyklische Phänomen unbedingt Rabattschlacht zu nennen? Brauchen wir wirklich so viel kriegerische Assonanz in unserem doch ansonsten eher den Frieden sichernden Konsumalltag? Ich meine: Nein.

So. Damit habe ich meiner sprachkritischen Pflicht Genüge getan und kann mich einem anderen Problem im Umkreis der Rabattschlacht zuwenden, das mich, offen gestanden, etwas mehr interessiert: der Frage nämlich, ob es eigentlich grammatisch korrekt ist, Rabattschlacht zu sagen? Oder müsste es nicht anders heißen?

Die Bildung von zusammengesetzten Wörtern im Deutschen ist ein schwieriges und heikles Thema. Für Ausländer, für PISA-Forscher und für mich auch. Wo bitte kommt zwischen die Wörter ein s und wo nicht? Gibt es da eine Regel? Ich kenne sie leider nicht und versuche es ganz kühn mit der Logik. Die Angriffsschlacht etwa heißt doch so, weil sie eine Schlacht des Angriffs ist; und das s stammt vom Genitiv. Das könnte dann auch für die Abwehrschlacht gelten, denn Abwehr hat im Genitiv kein s, das man ins Kompositum mitnehmen könnte.

Aber schon komme ich mit Logik nicht weiter. Denn Materialschlacht hat kein s, obwohl der Genitiv lautet: des Materials. Heißt die Materialschlacht vielleicht so, weil sie nicht eine Schlacht des Materials, sondern eine um das Material ist? Könnte noch hinkommen. Aber warum in aller Welt heißt es dann Entscheidungsschlacht? Entscheidung hat kein s im Genitiv!

Die reine Verwirrung also. Dabei hätte ich unseren Fall so gerne mit sprachlicher Logik geklärt. Ich versuche es trotzdem: Ist Rabattschlacht eine Schlacht um den Rabatt? Dann hieße sie richtig so. Ich denke aber eher, es gibt hier andere Kriegsziele. Ich meine, es ist eine Schlacht um Geld und Kunden, bei der die sich gegenseitig überbietenden Rabatte gewissermaßen die Waffen sind. Und das hieße, die Rabattschlacht müsste eigentlich Rabattsschlacht heißen. Oder wie?

Nun leben wir, zu unserem Glück oder Unglück, nur einen Klick von den Antworten auf alle beantwortbaren Fragen entfernt. Und nach diesem Klick klärt mich die Internet-Enzyklopädie Wikipedia darüber auf, dass in deutschen Komposita sogenannte Fugenlaute auftreten, deren Verwendung nicht der Logik, sondern dem Sprachgefühl folge und infolgedessen nicht immer einheitlich sei. Einer dieser Fugenlaute ist auch das s, das also, knapp gesagt, da, wo es steht, nur steht, weil's besser klingt. Von erinnerten Genitiven kann daher keine Rede sein. Ach so.

Und wissen Sie was? Das passt mir ganz ausgezeichnet in den Kram. Denn jetzt folge ich einfach meinem persönlichen Sprachgefühl und entscheide, dass Rabattsschlacht die angemessenere Variante ist. Und da ich schon einmal dabei bin, alles selbst zu entscheiden, dekretiere ich hiermit auch eine andere Orthographie. Sie lautet: Rabatzschlacht. Jetzt passt es!

Ron Sommer

Vor Ron Sommer kannte ich praktisch niemanden. Das heißt: Obwohl ich einigermaßen interessiert und aufmerksam das öffentliche Leben um mich herum verfolgte, kannte ich keinen großen Mann aus der Wirtschaft. Allerdings hatte mich meine Unkenntnis nie gestört, ja sie war mir nicht einmal aufgefallen. Die zeitgenössische Wirtschaft dachte ich mir als einen weitgehend sachbestimmten Prozess, in dem möglichst gut ausgebildete Leute mehr oder weniger reibungslos funktionieren. Wirtschaft, dachte ich, ist doch längst kein Platz mehr für Originalgenies, die persönlich zu kennen sich lohnte. Heutzutage wird in großen Teams kleiner Kram erfunden, und das meiste am business funktioniert as usual.

So dachte ich, bis ich Ron Sommer kennenlernte. Natürlich nicht persönlich, sondern im Fernsehen, in der Hauptnachrichtensendung, als er vor dem Börsengang der Telekom die „Visionen" des Unternehmens für das 21. Jahrhundert bekannt gab. Ron Sommer war für mich der erste deutsche Wirtschaftsführer mit nachdrücklicher Medienpräsenz, eine markante, hochgradig wiedererkennbare, früher hätte man gesagt: eine telegene, vielleicht sogar eine charismatische Erscheinung. Selbst dass er mit einem gewissen Akzent sprach, passte ins Bild; die populären Sportler taten es ja längst, besonders die aus dem Osten und aus dem Süden.

Und Ron Sommer veränderte mein Weltbild. Ich wusste nicht, ob ich ihn sympathisch finden sollte; aber schon dass ich mir diese Frage stellte, war verstörend. Bald wurde ich den Mann nicht mehr los. Plötzlich stand, wenn ich zum Telefon griff, Ron Sommer da (vor meinem geistigen Auge), trug Maßanzug und formulierte Utopien, die er aus meinen ständig sinkenden Telefongebühren finanzieren wollte. Ron Sommer stand auch etwas abseits, wenn ich beobachtete, wie wieder eine Telefonzelle demontiert wurde, weil Telefonzellen very old economy sind. Und bei einer Fernsehreportage über handysüchtige Kids in der Schuldenfalle dachte ich unwillkürlich: „Du machst dich kaputt – und Ron Sommer macht Kasse."

Aber ganz im Ernst! Von einem medial existierenden und multipräsenten Ron Sommer erging ja die Verpflichtung an mich, mir bitteschön vorzustellen, dass es auch in allen anderen Unternehmen auf dieser Welt Vorstandsvorsitzende gibt, real existierende Männer und Frauen, die mir, würde ich sie kennenlernen, auch sympathisch oder unsympathisch wären, was dann auf die Produkte oder Dienstleistungen ihrer Unternehmen durchschlagen müsste.

Aber, dachte ich, darf man, darf ich, der Mann auf der Straße, der Konsument und Steuerzahler, überhaupt so denken? Oder: Muss man sogar so denken?

Denn einerseits vermitteln populäre Gesichter wie das von Ron Sommer eine Wahrheit: Wirtschaft macht sich nicht, sie wird gemacht, und zwar von Menschen. Doch andererseits laufe ich sehr leicht in die Persönlichkeitsfalle, wenn mir die Konzerne dauernd in Gestalt ihrer CEOs begegnen; jede Personalisierung vereinfacht und reduziert, oft auf Kosten der Wahrheit, die Komplexität der Verhältnisse. Davon lebt die Yellow Press – und macht die Leute nicht eben klüger!

Während ich noch so hin und her dachte, fielen der Aktienkurs der Telekom ins Bodenlose und Ron Sommer in Ungnade. Schließlich wurde der erste mir bekannte Konzernchef sogar der erste mir nicht verwandte oder mit mir befreundete Mensch, um dessen Arbeitsplatz ich mich sorgte. Fast war es wie in der griechischen Tragödie: Mitleid mit dem Helden und Furcht vor seinem Schicksal bewegen auch die Leute auf den billigen Plätzen. Und wie in der griechischen Tragödie ging es nicht gut aus! Ich habe nicht übel gelitten, als Ron schließlich gehen musste.

Damit das nicht wieder passierte, fasste ich einen Entschluss: Den Nach-Sommer wollte ich gar nicht kennenlernen. Ich wollte wieder ohne Gesichter und Gesichte telefonieren. Ich wollte Kunde sein, ohne ständig im Geiste mit dem Anbieter zu kommunizieren. Ja ich wollte nicht einmal seinen Namen kennen. – Die Telekom schien dann der gleichen Ansicht zu sein.

Rechtschreibreform

Es wird einmal eine Zeit kommen, in der sich keiner mehr an die Rechtschreibreform wird erinnern können (oder wollen!). Als Zeitzeuge erfülle ich daher meine Aufgabe, dem Vergessen Einhalt zu gebieten. Ich tue das, indem ich hier mitteile, welche Schreckensvision mich damals auf dem Höhepunkt der Debatte regelmäßig befiel.

Um das Jahr 2005 herum sah es eine Zeit lang so aus, als würde die deutsche Rechtschreiblandschaft demnächst endgültig in Territorien zerschlagen, in denen entweder die Vertreter der Kultusministerkonferenz oder die Warlords so verschiedener Medien wie „Bild" und „Spiegel" herrschten. Es drohte eine multiple rechtschreiberische Kleinstaaterei, ein hundertjähriger Krieg zwischen der Dass- und der Daß-Liga. Und damals stand mir ein kleines, aber grausiges Genrebild aus einem mittelständischen Betrieb am Niederrhein vor dem inneren Auge.

Chef: Fröllein Meier, äh, Frau Meier, sagen Sie mal, also von wegen der Rechtschreibreform, also ich meine, die Bild und der Spiegel sind ja jetzt wieder andersrum, Sie wissen schon, also was sollen wir denn jetzt machen?

Sekretärin: Wie, machen?

Chef: Na Herrgott! Ob wir auch wieder das dass mit Doppel-s mit scharfem s schreiben sollen. Und den ganzen anderen Killefitz.

Sekretärin: Was denn für Killefitz?

Chef: Na, müssen Sie doch am besten wissen. All diese neuen Regeln.

Sekretärin: Ich weiß davon gar nichts. Das weiß alles mein Fredi (streichelt liebevoll über ihren PC). Der macht gleich einen roten Strich drunter, wenn ich was falsch schreibe, und dabei sagte er ganz süß: „Na, na, meine Liebe."

Chef: Ach so. Dann verbinden Sie mich mal mit dem Marketing. – Müller? Ja, ich bin's. Stellen Sie sich vor: Ich überlege gerade. Sollen wir auch neue Rechtschreibung machen? Ich meine, sollen wir jetzt neuerdings wieder alte machen?

Müller vom Marketing: Heikle Frage, Chef. Schmitz & Co., unser lokaler Konkurrent, ist gestern offiziell zur alten Rechtschreibung zurückgekehrt. Und prompt höre ich von seinen Kunden, man habe die Firma immer für verkrustet gehalten. Keine Fähigkeit zur Veränderung.

Chef: Aber wenn sie jetzt doch schon wieder was ändern?

Müller vom Marketing: Ach so. Stimmt. Na, dann eben: keine klare Führungsstruktur. Keine Linie. Schlingerkurs. Man rechnet mit einer Gewinnwarnung.

Chef: Also bleiben wir bei neuer Rechtschreibung?

Müller vom Marketing: Ja. Das heißt: Nein. Ist auch zu gefährlich. Man könnte uns dann unterstellen, dass wir den allgemeinen Deregulierungskurs nicht stark genug unterstützen.

Chef: Mensch Müller. Sie machen mich ganz konfus! Was sollen wir denn bloß tun?

Müller vom Marketing: Keine Bange, Chef. Ich habe die Lösung. Mein Vorschlag: alles auf Englisch. Alle Kataloge, alle Angebote, die Werbung und die gesamte Geschäftspost.

Chef: Auf Englisch? Sind Sie von Sinnen? Wir haben doch nur im Inland Kunden.

Müller vom Marketing (durchs Telefon schwitzend): Genau, Chef. Und genau das ist mittelfristig unser Problem. Der Inlandsmarkt ist im Eimer. Wir müssen uns globalisieren. Und das ist jetzt unsere Chance. Siss iss auer moument!

Chef: Müller, Sie sind verrückt. Haben Sie vergessen, was wir produzieren? Wir brauen Bier, zum Teufel. Nach deutschem Reinheitsgebot. Das können Sie nirgendwohin exportieren.

Müller vom Marketing: Okay, sätt iss ä tschällensch. So wi

mast tschäjnsch auer portfolio. Ai äm olräddy wöhking on sse
propplemm.

Chef: (legt auf) Watt för enne Doll! Dem schmied isch erut.
(Übersetzung: Welch ein inkompetenter Mitarbeiter. Ich erwä-
ge, ihn demnächst freizusetzen.)